融媒体时代的广播电视创新发展研究

李 东 著

北京工业大学出版社

图书在版编目（CIP）数据

融媒体时代的广播电视创新发展研究 / 李东著 . —北京：北京工业大学出版社，2022.8
　　ISBN 978-7-5639-8429-9

　　Ⅰ . ①融… Ⅱ . ①李… Ⅲ . ①广播电视－传播媒介－产业发展－研究－中国 Ⅳ . ① G229.2

中国版本图书馆 CIP 数据核字（2022）第 185655 号

融媒体时代的广播电视创新发展研究
RONGMEITI SHIDAI DE GUANGBO DIANSHI CHUANGXIN FAZHAN YANJIU

著　　　者：	李　东
责任编辑：	张　贤
封面设计：	知更壹点
出版发行：	北京工业大学出版社
	（北京市朝阳区平乐园 100 号　邮编：100124）
	010-67391722（传真）　　bgdcbs@sina.com
经销单位：	全国各地新华书店
承印单位：	三河市腾飞印务有限公司
开　　本：	710 毫米 ×1000 毫米　1/16
印　　张：	11
字　　数：	220 千字
版　　次：	2023 年 4 月第 1 版
印　　次：	2023 年 4 月第 1 次印刷
标准书号：	ISBN 978-7-5639-8429-9
定　　价：	72.00 元

版权所有　　翻印必究

（如发现印装质量问题，请寄本社发行部调换 010-67391106）

作者简介

李东，女，1984年11月出生，江西省上饶市人，传播学博士，赣江青年学者，南昌大学新闻与传播学院副教授，硕士生导师，泰国格乐大学博士生导师，入选江西省引进培养创新创业高层次人才。先后主持完成省级课题三项，在CSSCI来源期刊及中文核心期刊发表论文十余篇，研究方向为新媒介文化、广播电视、播音主持艺术。

前　言

　　信息技术在不断发展，在各行各业的应用也愈发广泛，各行各业也都因为信息技术的发展而发生了变化。广播电视行业也是如此，信息技术发展使得新闻信息的来源越来越丰富，新闻采集的流程逐渐发生变化，人们获取新闻信息的渠道越来越多样化，越来越多的社会焦点问题得到广播电视媒体的关注，亦推动了媒体融合的发展。在融媒体时代，广播电视要顺应时代发展潮流，对未来的发展战略进行调整。因此，广播电视行业要找到适合未来行业发展的路径，从而确保在融媒体时代得到良好的发展。

　　全书共七章。第一章为融媒体时代的来临，主要包括融媒体概述、融媒体时代的标志、媒介融合的技术背景、广播电视的媒介特征等内容；第二章为广播电视艺术概述，主要阐述了广播电视的内涵、广播电视的属性、广播电视艺术的功能、广播电视传播的构成等内容；第三章为广播电视媒体的发展历程，主要阐述了世界广播电视发展概要和我国广播电视发展历程等内容；第四章为融媒体时代广播电视发展现状，主要阐述了融媒体时代广播电视发展中的问题和融媒体时代广播电视发展的环境等内容；第五章为融媒体时代广播电视语言的变化，主要阐述了融媒体时代的语言思考、融媒体时代广播电视语言的变化、融媒体时代广播电视语言传播的个人风格等内容；第六章为融媒体时代广播电视节目的发展，主要阐述了融媒体时代广播节目的发展和融媒体时代电视节目的发展等内容；第七章为融媒体时代广播电视创新发展策略，主要阐述了融媒体时代广播电视创新发展路径和融媒体时代广播电视发展方向选择等内容。

　　为了确保研究内容的丰富性和多样性，笔者在写作过程中参考了大量理论与研究文献，在此向涉及的专家、学者表示衷心的感谢。

　　最后，限于作者水平，本书难免存在一些不足，在此，恳请同行专家和读者朋友批评指正！

目　录

第一章　融媒体时代的来临 ………………………………………… 1
第一节　融媒体概述 ………………………………………………… 1
第二节　融媒体时代的标志 ………………………………………… 6
第三节　媒介融合的技术背景 …………………………………… 10
第四节　广播电视的媒介特征 …………………………………… 24

第二章　广播电视艺术概述 ………………………………………… 27
第一节　广播电视的内涵 ………………………………………… 27
第二节　广播电视的属性 ………………………………………… 32
第三节　广播电视艺术的功能 …………………………………… 42
第四节　广播电视传播的构成 …………………………………… 46

第三章　广播电视媒体的发展历程 ………………………………… 59
第一节　世界广播电视发展概要 ………………………………… 59
第二节　我国广播电视发展历程 ………………………………… 73

第四章　融媒体时代广播电视发展现状 …………………………… 84
第一节　融媒体时代广播电视发展中的问题 …………………… 84
第二节　融媒体时代广播电视发展的环境 ……………………… 96

第五章　融媒体时代广播电视语言的变化 ………………………… 101
第一节　融媒体时代的语言思考 ………………………………… 101
第二节　融媒体时代广播电视语言的变化 ……………………… 106
第三节　融媒体时代广播电视语言传播的个人风格 …………… 107

第六章 融媒体时代广播电视节目的发展 ·················· 127
第一节 融媒体时代广播节目的发展 ·················· 127
第二节 融媒体时代电视节目的发展 ·················· 142

第七章 融媒体时代广播电视创新发展策略 ················ 152
第一节 融媒体时代广播电视创新发展路径 ·············· 152
第二节 融媒体时代广播电视发展方向选择 ·············· 163

参考文献 ······································· 167

第一章 融媒体时代的来临

近年来，随着计算机互联网技术与移动智能设备的飞速发展，新媒体行业得到了蓬勃的发展，给传统媒体的发展带来了相应的危机与挑战，将传统媒体与新媒体融合发展是当今时代的发展走向。在融媒体时代，社会中各个相关行业的发展模式也应该有所改变，这样才能更好地发挥自身优势，为以后的发展提升核心竞争力。本章分为融媒体概述、融媒体时代的标志、媒介融合的技术背景、广播电视的媒介特征四部分，主要包括融媒体的诞生背景、融媒体演进的环境、融媒体的概念与特征等内容。

第一节 融媒体概述

一、融媒体的诞生背景

随着科技革命的迅猛发展，通信、计算机网络、人工智能等技术达到了前所未有的高度，人类自此跨上信息社会的高速公路。人类社会每时每刻都在发生着改变，近年来多媒体技术和移动互联网技术的协同发展，极大地拓展了信息传播的空间，促使许多"新"媒体，如手机媒体、网络电视、户外新媒体、智能媒体、社交媒体等的诞生。随着5G网络、全面公共空间无线网络等基础设施的铺设，智能手机、平板电脑等移动网络终端设备的普及，以及以腾讯、新浪、百度等公司为龙头搭建的网络平台，如微信、微博、贴吧等的盛行，人们长期以来的传播习惯被改变，层出不穷的媒体平台快速抢占传播市场份额，成为最时兴的传播手段之一。

和"新"媒体风驰电掣的发展态势相比，传统媒体似乎无法满足现代信息传播发展的要求，因此传统的信息传播方式若想突破困境，提高行业竞争力，就需要响应传播新时代的号召，改变传播策略，在突出自身独特性的基础上，积极与"新"媒体融合发展。

不同媒体在内容、渠道、功能方面共融，形成全新的传播模式，大众需要有能够完美诠释这一媒体概念的新名词。媒体工作者有责任站在技术发展的前沿，为广大受众提供最新、最快、最方便的媒体体验。

二、融媒体演进的环境因素

融媒体时代为何能够出现？从媒介演进的历史上来看，其演进的历程与自然界生态的演进历程是相似的，都是从低端到高端、从简单到复杂的进化过程。在初期的媒介生态系统环境中，各媒介之间的关系简单且互为封闭，缺乏媒介之间的互动，新兴媒介往往带着对现有媒介的功能补偿作用出现，这也意味着媒介之间可重叠的部分较为有限。随着媒介形态的不断演进、不断增多，尤其是随着网络媒介的快速发展，媒介之间的生态位竞争与合作关系被重构，媒介环境也开始出现融合的趋势。因此，社会技术的创新与发展推动了媒介形态的多样化，而媒介形态的多样化也离不开社会经济、政治、文化等不同因素的影响与作用。

（一）技术动力因素

从新兴媒介的视角来看，其本质并非改变传统媒介的模式，而是利用新技术使其新媒体化，同时传统媒介也能够在一定程度上驱动媒介行业的融合，从而进一步实现媒介的融合发展。媒介环境学派的代表人物马歇尔·麦克卢汉认为，"媒介延伸论"实质上就是"技术延伸论"。也就是说，技术的发展影响着新兴媒介的出现，并能够对传统媒介与新兴媒介的融合发展起着重要的作用。因此，在媒介融合的实践中，新兴媒介作为技术主体，其媒介技术和媒介形态为其与传统媒介的融合奠定了基础。

（二）社会经济因素

媒介融合的经济动力和层次分为四部分：市场融合、业务融合、资本融合和产业融合。随着数字新兴媒介的出现，媒介环境中的生态位竞争趋于激烈，新兴媒介必然会挤占传统媒介的市场份额，这导致传统媒介的生态环境恶化且所占市场份额减少。面对此种情形，传统媒介需要扭转劣势，寻求与新兴媒介的合作，进行优势互补，重新占领重要的生态位份额，而新兴媒介固然有着技术、用户以及传播渠道上的优势，但缺少了传统媒介在内容及组织传播上长期形成的威信力与辨识度。因此，从经济因素的角度来看，新兴媒介与传统媒介融合发展，是目前媒介行业中能够合作共赢的战略决策。

（三）社会政治因素

随着新兴媒介的不断涌现，世界上大多数国家，尤其是发达国家都十分注重各媒介在社会宣传中所发挥的重要作用，并力图从政策上加以鼓励与扶持。我国对融媒体这一新兴媒体形态也尤为重视，具体体现为，中共中央办公厅、国务院办公厅在2014年发布了《关于推动传统媒体和新兴媒体融合发展的指导意见》，这是中国政府为了促进媒介的融合发展所发布的一份政策性文件，其为媒介产业提供了宽松且和谐的发展环境。

（四）社会文化因素

目前，传媒处在当今文化生活的中心位置，每个人都可以成为潜在的媒介内容的生产者和传播者，也可以成为媒介文化的缔造者。从社会文化因素的角度来看，其实质是人们在技术、经济、政治等方面的发展做出的争论与判断，是人们对以上各方面媒介融合的接受与认同。

三、融媒体的概念与特征

（一）融媒体的概念

"融媒体"这一说法由我国启用，国外的研究成果中鲜有"融媒体"一词，最开始是以"媒介融合""媒体融合"的概念出现的，但与它们又存在区别。"媒介融合"指各种媒介呈现出多功能一体化的趋势，即一种媒介拥有多种功能。基于信息技术的发展之上，"媒介融合"逐步发展成为"媒体融合"。"媒体融合"，是指媒体通过增加信息平台的数量，使媒体资源得到最优配置，指代的是媒介工具的整合传播过程，目的就是使传播效果实现最大化。"媒介融合"与"媒体融合"指代的都是一个打破界限共通发展的过程，是"融媒体"实现的必经阶段，而"融媒体"是"媒介融合"与"媒体融合"的一种结果，是"媒体融合"的高度概括。到目前为止，无论是在学术界还是在传媒业界，关于融媒体的概念还没有达成一致的共识，但是我们不能说融媒体的概念还是一纸空白，因为我们可以通过厘清融媒体与新媒体、融媒体与全媒体的关系来掌握融媒体的概念。

新媒体是相对于传统媒体而言的，指的是利用数字技术，通过计算机网络、无线通信网等渠道，以及计算机、手机、数字电视机等终端，向用户提供信息和服务的传播形态，包括网络电视、视频、电子杂志等。全媒体是"通过综合运用各种表现形式，如文、图、声、光、电，来全方位、立体地展示传播内容，同时通过文字、声像、网络、通信等传播手段来传输的一种新的传播形态。"而融媒体指的是"建立在互联网思维上……充分利用媒介载体，在人力、内容、传播等方面对传统媒体和新媒体进行全面整合，实现资源通融、内容兼容、传播互融、利益共融的新型媒体"。

融媒体与新媒体的区别与联系。首先，二者之间存在着区别。第一，概念不同，从概念上可以看出，新媒体较传统媒体而言实现了信息的即时性、互动性、个性化的传播，而融媒体则是有机结合了新媒体的媒介优势、传播优势和平台优势以及传统媒体的内容优势、思维优势等形成的新型传播方式，实现了1+1>2的传播效果；第二，在信息共享方面，融媒体在科技进步的作用下，形成了新的传输平台，在新平台不同媒体之间不断融合，实现资源共享、优势互补、共同发展。但是，新媒体之间的信息是独立的，共享程度低。其次，二者之间又存在联系。第一，融媒体与新媒体都是基于网络技术的发展之上的，二者的传播也多是通过网络完成的；第二，在传播主客体的交互性方面，二者在传播过程中受众与新闻发布者以及其他受众之间实现了及时、直接的双向甚至多向交流。但值得注意的是，融媒体整合了各类新媒体的优势，它们在传播主客体互动方面的短板被互补，因此融媒体环境下的交互性程度更深，范围更广。

融媒体与全媒体的区别与联系。融媒体与全媒体的不同之处在于全媒体侧重的是将同一内容利用不同的传播形态予以表达。而融媒体不仅包括全媒体所追求的技术层面的融合，而且还包括内容、组织架构、人员设置、管理运营等层面的融合。但是，二者也是有一定联系的，全媒体是基础，融媒体是目的，"'融媒体'的科学性在于，其前提是介质门类齐全的'全媒体'，没有'全'何来'融'？"

由此可见，融媒体是一种信息共享，是对分属于传统媒体和新媒体的实体媒介进行融合，在发挥各自优势的基础上，实现传播内容、传播方式、传播形态等多方面的融合，实现传播载体从单一性转向多元性，传播呈现从平面到立体，实现"资源通融、内容兼融、宣传互融、利益共融"，促进传播效果全面提升的新型媒体。例如，在人民日报社的"中央厨房"融媒体机制下，受众在传播过程中能感受到的不单单是纯粹的文字传送，还可以经这一平台下设的各子媒体通过各种形式了解更多的内容，促进传播效果的全面提升。

（二）融媒体的特征

"融媒体"是传统媒体不断融合新技术，摒弃旧思维而不断发展推出的新兴媒体模式。其特征主要表现在资源通融、内容兼融、宣传互融、利益共融四个方面。

1. 资源通融

融媒体在广泛涵盖传统报纸、广播、杂志及新兴的微博、抖音等媒体形式的同时，也融合了各类媒体形式在技术发展、信息质量、传播环境及渠道多个方面的独特优势。融媒体将以上资源内容整合后推陈出新，在信息传播内容、渠道、模式等多方面不断优化，从而实现有效信息的全方位多角度传递。

2. 内容兼融

所谓内容兼融，指融媒体兼融领域广泛、形态多元的丰富内容，可实现在内容生产方面的共建共享。融媒体平台的内容和形式十分丰富，涵盖传统媒体、新媒体、社交媒体等多种媒体中视频、图片、文字等多种形式信息，囊括政治、经济、文化、法律等各个方面。此外，近年来，各大媒体平台纷纷开始倡导"以用户为中心"的理念，信息用户可自发创造、提取信息内容，且传播成本极低，这极大地提升了信息传播的速度，增加了信息传播的深度与广度。

3. 宣传互融

报刊、广播等传统媒体所传播的信息内容大多具有真实性、权威性的特点，长时间以来一直深受信息用户的信赖，新媒体的优势在于其信息资源内容的海量性及传播的便捷性。二者在进行信息资源传播时各自为政，都处于较为独立的状态。这既不利于真实性、权威性信息的传播，影响人们接受主流思想，树立正确的价值观，也可能会导致二者逐渐背离，发展没落。

融媒体顺应社会发展的需要，对二者取长补短，构建出既具备专业素质，又拥有便捷传播路径机制的新式信息传递模式。在这种模式的作用下，平台能够对信息进行迅速甄别，在剔除虚假、垃圾信息的同时整合优质资源，在充分尊重受众的基础上，依据其意愿定向推送各类真实信息。这种做法可用新兴媒体的宣传途径放大扩充传统主流媒体的声音，形成文化思想传播的综合力，实现新旧媒体1+1>2的宣传效果。

4.利益共融

利益共融指发展"融媒体"要同时注重社会效益和经济效益,要坚持把社会效益放在首位,同时提高经济效益。要正确处理两者之间的矛盾,坚持经济利益服从社会效益不动摇,进而实现两者的共同提升。为达成利益共融的目的,要求融媒体平台高度重视媒体与用户之间的双向互动形态,从用户体验入手不断摸索进步,从而形成平台与用户双向共赢的局面。

第二节 融媒体时代的标志

一、融媒体时代的标志分析

(一)角色转换:从"受众"到"用户"

传统媒体的受众是"读者、观众、听众"的统称,这种被动式的媒介消费及单向的推送式传播使受众只能被动接受媒体编排过的内容,受众的个性化受到一定程度的限制。而传统媒体"点对面"的传播模式,使内容呈现单一化,无论受众的品位如何、兴趣如何、职业如何,都只能接收相同的信息。

互联网、移动信息接收终端的出现彻底改变了用户接收信息的方式,传统社会生活中媒体的时空和习俗遭到解构,个性化的互动影响力和时空自由度不断增强,个人时空不再与媒体时空绑定。互联网时代融媒体赋予受众的信息选择权,使受众成为信息传播的参与者,在"传播者"与"受传者"的角色之间自由转换。这种由"受众"到"用户"的角色转换,改变了大众传播模式。

(二)内容主体转变:用户为王

以互联网为代表的高新技术推动着现代社会的高速发展,融媒体重新打造媒介形态与传播格局,被动接收各类信息的受众被"用户"取代。内容生产者在坚守"内容为王"底线的同时,还应看到行业生态的转变——"用户为王"。

在传统媒体时代,内容占据着绝对的核心地位。内容决定了传播形式,也决定了传播媒介。在互联网时代,新媒体的内容、平台、渠道以及终端的作用日渐凸显,此时的"融媒体"已经成为新的概念,它跨越了时空阈限、形态界限乃至文化隔阂,政治、经济、文化等领域也受其影响发生着形态变化。以互联网为核心，包括新闻传媒业、电信业、文创产业在内的完整产业链逐渐形成并日益壮大，传播对象由受众变成用户。"顾客是上帝"已经成为公认的真理，在互联网时代媒体的宗旨仍然是服务，服务的对象就是用户。

在互联网时代，融媒体用户的注意力不再集中于某几个品牌的媒体上，他们把目光和注意力集中到了移动端的屏幕上，一些细化的强势应用、微信公众号、微博、微视频等媒体平台分散了用户的注意力，培育出大量忠实用户，成为信息传播的全新霸主。"用户为王"标志着互联网服务改变了"人找信息"的模式，出现了一种全新的概念——"信息找人"，用户至上。在创作上，内容为王；在融媒体平台上，用户为王。

（三）市场的赋能：从市场"营销"到用户"共存"

融媒体平台与用户的关系已经成为媒介经营的核心。要想获得牢固的融媒体用户系统和稳固的关系，就需要用户之间、用户与产品之间积极互动，在互动的过程中产生仪式感与认同感，激励用户对平台"驻足"。

在消费升级的大背景下，大众从被动接收信息的受众逐渐成长为具有独立思考和判断能力的用户，用户从"单一选择"向"多元选择"转变。它直接影响内容的生产者，使融媒体平台的生产和营销思路随之发生转变。观念的转变、思路的变化为用户共存创造了先决条件，创新创意、挖掘品牌、作品更迭的附加属性成为用户共存的决定因素。

二、融媒体时代的优势分析

各种媒体形式的发展使得一个融合传统与新兴媒体、传媒与受众互动于一体的"融媒体"时代随之而至。了解并适应融媒体时代，可促使媒体自我革新，推动传媒界的发展，也可使各行业搭乘时代发展的快车，从而立于不败之地。

融媒体时代，是指由多种形式的媒体优势互补的传媒行业，一起承担促进社会信息传播的职能，向公众提供全方位信息服务的传媒时代。传播者、传播的信息内容之间的融合也是融媒体时代的特征之一。该时代，曾经的单向"传"→"受"传播模式逐渐演变成了双向乃至多向的网络状"传"⇄"受"的互动交流模式。

在其时代背景下，任何传媒形式的发展都不能再自我封闭，而应秉承创新理念，接受新的知识，提升自身创新能力与影响力。在其影响下，传统媒体的权威性特征与新媒体的多种优势相辅相成，社交媒体等媒体形式传播信息的即时性与互动性也得以充分彰显。融媒体时代的优势主要表现在以下几个方面。

（一）整合性

整合就是把一些零散的东西通过某种方式而彼此衔接，从而实现信息系统的资源共享和协同工作。传统媒体因受新媒体的影响，受众流失严重，生存状态举步维艰，迫切要求改变现状。而融媒体已不再是"独占鳌头"的探寻，是整个行业的转型。传统媒体主动融合，报社、电视台等逐渐向新媒体领域延伸，线上微博、微信公众号等，最终建成融媒体中心。

不同媒体的信息内容开始共享，因此融媒体环境下的海量信息可以随时随地实现传播、下载、更新等。不同媒体内容的共享与融合，实现了信息从电视、广播、报刊、网络平台、互动社区以及各种新媒体的全覆盖传播，开始呈现为一体化趋势。

（二）技术性

技术的不断发展既是融媒体平台产生的诱因，也成为推动媒体融合发展的动力源之一。融媒体时代的优势之一便在于数字及信息技术的飞速发展。自1989年互联网媒体出现以来，经过30多年的发展与完善，互联网已经奠定了在媒体行业的主流地位。2018年夏天，杭州、上海、广州等18个城市被确定为首批5G试点城市。北京市首批5G站点同步正式启动。2019年5G基站设备正式接入公共电信商用网络。未来，移动通信技术将不断升级，将推动社会技术变革的继续进行。媒体软硬件技术不断更新，新一轮的大数据、云计算、区块链、VR等技术的应用与普及，为融媒体的发展添砖加瓦，也成为融媒体时代的显著优势特征。

（三）交互性

交互性指的是信息在传播的过程中，针对传播者发布的信息，受众可以直接把对此信息的评价、思考通过传播媒介再反馈给传播者，可让信息传播者知晓传播的效果，受众与受众之间也可相互交流，这种双向甚至多向的交流方式就是传播主客体的交互性。传统媒体主动融合，借助新媒体受众与传播者之间的交互性来扩大受众范围，在此传播环境下，越来越多的受众与传播者之间实现了"零距离"交流，人人都有发声的渠道和途径，交互性的范围被扩大，传播源也更多样。这不仅最大限度地鼓励了受众参与信息传播、话题选择以及公共决策，而且极大地加快了信息扩散的速度，为大众获取所需的信息资源提供了优越的条件。但传播源更多样也会导致传播"去中心化"，即人人都可以成为信息传播源中心，也就是除法律禁止外，融媒体环境下的信息传递呈现出"无屏障"的状况，弱化了权威中心所发布的信息的影响力。

（四）实效性

融媒体的强整合性更好地促成了不同媒体的一体化发展，将不同媒体的内容、资源进行科学合理的融合，在保留新媒体的媒介优势、传播优势和平台优势，传统媒体的内容优势、思维优势以及各媒体平台受众的基础之上，通过加工，生产出一系列可以从多方面、多角度传播我国主流意识形态的融媒体作品，加之传播呈现从平面到立体的转化，受众面对的不再是单一的表达方式，而是文字、图片、视频等多媒体格式，让信息在传播的过程中给予受众最大的感官冲击，增强了传播效果。

（五）人性化

在融媒体时代，信息服务的人性化优势体现在信息的传播更加以用户需求为主导，这是其技术性与交互性结合的成果。首先，融媒体利用大数据、云计算、人工智能等技术对信息用户的不同需求进行相应提取与深层次挖掘分析，进行相应的信息推送，在一定程度上满足了信息用户的个性化、定制化需求，提升用户体验满意程度。其次，融媒体平台可为用户提供直接搜寻入口，信息用户可根据自身喜好自定义接受更具有综合性的信息内容，从而提升自身素养，进而创造更多的社会价值。

三、融媒体时代的发展趋势

（一）由"融媒体"至"智媒体"转变

随着融媒体发展进程的不断加快，各类现代媒体逐渐与人工智能进行了深度的融合，生成了全新的智媒体，对智媒体的应用，能够显著拓宽信息传播渠道，丰富信息传播层次，让信息传播显得更为个性化与精准化。在这样的背景之下，融媒体建设逐渐由"融媒体"向"智媒体"转变，媒体在生产发布相关内容的过程中，不再局限于人工采编，而是形成了以人为主导、机器协作的全新人工智能生产态势，充分发挥了智能化工具的优势，实现了对新闻采集、音视图文制作、审核与发布、管理与评估等各个环节的改良与优化。例如，全媒体信息识别技术显著提升了媒资库资源审查效率，降低了人力成本支出；智能图表视频制作工具使较为复杂的视频制作步骤得以简化，减少了相关人员的工作压力；内容智能审查系统和杀毒软件在模式上有着异曲同工之妙，在完成信息产品的上传之后，能够有效识别特定人物，鉴别产品中的暴力恐惧内容，精准校对文稿，全面增强了审查效果。

（二）创新技术赋能媒体行业高速发展

当前已经步入了信息化时代，人工智能、移动互联网、4K/8K、大数据、5G等一系列先进科学技术得到了广泛的应用，这类创新技术使媒体融合与转型有了良好的环境。特别是媒体行业对区块链技术的应用，能够显著提升传播效果，让传播内容具备更高的真实性与可靠性，用户所获取的音视图文有着更高的质量，自身也能够获得更佳的信息获取体验。区块链和智媒体的深度融合，能够让媒体传播有着更高的质量，实现对不同受众的个性化推荐，充分迎合时代发展过程中不断变化的需求，进而达成"1+1>2"的目的。

第三节　媒介融合的技术背景

一、媒介融合概述

（一）媒介融合的概念

媒介融合的概念最早由西方引入，这是伴随着互联网的发展而产生的新兴概念。"媒介融合"的概念，最早由美国马萨诸塞州理工学院的伊契尔·索勒·普尔教授明确提出。他认为"媒介融合"的本意是指各种媒介呈现出多功能一体化的趋势，主要指的是电视、报刊等传统媒介融合在一起。我国学者蔡雯将媒体融合定义为："在以数字技术、网络技术和电子通信技术为核心的科学技术的推动下，组成大媒体业的各产业组织在经济利益和社会需求的驱动下通过合作、并购和整合等手段，实现不同媒介形态的内容融合、传播渠道融合和媒介终端融合的过程。"因为国内外在研究的视角方面存在差异，所以媒介融合也成了如今传媒业研究较多、含义较模糊的概念之一。虽然学界对媒介融合没有一个公认的概念界定，但是通过对这些相关论述的比较研究，可以确定的是，媒介融合是在互联网等高新技术的基础上，通过媒体所有权的融合，实现不同媒介内容传播形态、传播渠道、媒介终端的融合。

（二）媒介融合的内在动力

媒介融合打通了报纸、广播、电视等传统媒体与新兴媒体之间的传播通道，使信息资源的最大化共享成为现实。在新技术的加持下，信息的传播渠道更加多元化，传播效率更高。媒介融合除了在技术上和传播形式的融合之外，其最终目标是实现全媒体发展，从而满足受众以最便捷的方式最大限度地获取信息量的基本需求。

推动媒介融合的内在动力有三个方面的因素，首先是政治因素，媒介的发展受制于一定的政治环境。近年来，国家出台了加快推动媒介融合发展的相关政策和指导意见。良好的政治生态为我国媒介融合提供了前所未有的发展机遇和空间。其次是经济因素，因为经济效益是媒体机构得以发展壮大的物质基础，对媒体的发展起着不容忽视的驱动作用。市场竞争相当程度上影响着媒体安身立命的根本。在注意力匮乏的新媒体时代，单一媒体无法构筑未来市场的核心竞争力，这就需要媒介更新传播观念与传播技术，因此媒介融合的发展趋势便应运而生。最后是技术因素，5G、云计算、人工智能、大数据等新技术的出现为媒介融合创造了不可或缺的条件，技术的革新打破了不同媒介之间的壁垒，使同一信息内容具有多种不同的表现形式。

（三）国内外媒介融合现状

鉴于互联网技术、数字技术等高新技术起步较早，一些西方发达国家很早就开始了媒介融合的进程，经过多年的发展，如今已经较为成熟。在媒介融合背景下，技术对传媒业发展的影响再一次被放大，将科学技术作为媒体转型的直接推动力是媒体从业者不得不接受的事实。在技术的推动下，媒介融合已经不单单是从报纸、广播、电视到新媒体端的转换。智媒时代，5G、人工智能、区块链等技术快速发展，带来了传媒业的颠覆性变革。5G的发展给VR技术带来了前所未有的新机遇。VR新闻可以提供新闻现场沉浸式体验，"媒介是身体的延伸"成为触手可及的现实。例如，《纽约时报》上线了专门的VR新闻频道——VR360，引发全球媒体同行的关注。美国广播公司推出ABC News VR，这是全球第一家利用 VR 技术进行新闻报道的电视台。路透社等知名媒体机构也纷纷与高新技术企业开展合作，全面布局 VR 新闻。与此同时，人工智能技术的力量也不容小觑。其在新闻领域的应用不仅解放了人力，而且也加快了传播速度。目前，该技术在财经新闻、体育新闻等领域已经开始了广泛的应用。例，美联社的机器人新闻写作平台"Wordsmith"等，短时间内就能写出千余条新闻。随着技术的发展，国外已经出现区块链媒体。这些媒体利用区块链作为底层技术搭建去中心化的平台，从而进行信息采集和新闻众筹。这种技术打破了原有的传播关系，人与人之间的关系变成并联关系，依靠连接使人们有了更多的组合。去中心化平台的出现将受众集结在一起，按照规则自由交流信息，分享优质内容。例如，Civil 平台的内容生产方式、传播方式就与传统媒体的运作方式相比有着截然不同的特征，具有抗审核、可验证、透明等特点。

除了技术方面的迭代更新外，媒介融合还带来了媒体的兼并重组。近年来，最为经典的案例莫属美国在线和时代华纳的合并，二者互为补充，堪称经典。日本经济新闻社收购金融时报集团也带来了更大的经济效益。如果说有兼并重组的成功，那必然有失败的案例。近年来，以美国为代表的西方报业大量停刊，2020 年报业巨头麦克拉奇正式申请破产保护，许多媒体从业者不得不转行谋求发展。与此同时，部分媒体为了轻装上阵、长远发展，不得不忍痛割爱，放弃一部分业务部门，从而专注核心业务的发展。例如，《华尔街日报》就先后关闭印度尼西亚语网站、布拉格和赫尔辛基分社。英国广播公司（British Broadcasting Corporation，BBC）也先后关停了部分电视频道。

我国媒介融合的起步虽然晚于西方国家，但发展的进程丝毫不落后。2014 年是中国"媒体融合"的元年，中央全面深化改革领导小组第四次会议审议通过了《关于推动传统媒体和新兴媒体融合发展的指导意见》，进一步指明了发展方向。最为亮眼的是体制机制方面的创新发展，这也是推动媒介融合进入深水区的必要保障。当前，我国媒体在推进媒介融合的进程中，既保留了新闻媒体事业单位的属性，又成立了企业化运作的传媒公司，二者多为一套领导班子，这样可以使媒体更好地融入市场中。例如，山东广播电视台在媒介融合转型的过程中，在保留事业单位主体的同时，又注册成立了山东广电传媒集团有限公司。二者一体化运营管理，按照"体制集团化、管理企业化、技术融合化"的目标要求，实行制播分离，构筑了台企一体化管理协同发展新格局。

在我国媒介融合的进程中，受众感受最深刻的莫属内容生产模式和产品形态的创新。近些年来，"中央厨房"已经成为大多数媒体关注者耳熟能详的词汇。

第一章 融媒体时代的来临

所谓的"中央厨房",就是全媒体采编和内容生产平台,利用平台优势对相同的新闻资讯以不同的形态进行采集,制作成适合不同媒介传播特点的内容,然后根据算法提供的用户习惯对内容进行全方位立体化传播,保证传播效果最优化。作为主流媒体中的旗舰报社,人民日报社的媒介融合备受国内外的关注。

在媒介融合背景下,全社所有的资源都涌入融合的浪潮中。如今的人民日报社拥有杂志、报纸、电视、网站、广播、电子屏、手机报、微博、微信、客户端等十余种载体及数百个终端载体。人民日报社将技术创新作为推动融合发展的利器,设置了"中央厨房"的工作机制,举全社之力整合了多个业务部门和社属媒体,全面实现了新闻产品的"一次采集、多种生成、多元传播"。除了内容生产模式的创新外,产品形态所表现出的多元化特征也受到广泛关注。

如今,我国媒介融合的进程已经持续推进多年,传统媒体几乎已经涉水所有新媒体种类,布局各类平台,目的就是让生产的新闻内容更广泛地触及受众。无论是人民日报社、新华社这样的旗舰媒体,还是各地方新闻单位,打造全媒体传播矩阵已经成为共识。

加快推进媒体融合转型,不仅仅需要传媒产业内部的相互融合,还需要扩大范围,谋求更长远的发展。近年来,媒体与互联网企业、金融公司等外部产业的合作屡见报端,这种"跨界合作"进一步推动了媒体融合向纵深发展,也成为新合作共赢的典范。例如,山东广播电视台就与华为公司展开合作,签署战略合作协议。山东广播电视台将4K业务和华为的5G技术紧密捆绑,共同推动山东超高清视频产业的发展。鲁信集团作为山东省重要的投融资主体和资产管理平台也与山东广播电视台开展战略合作,实现宣传资源和品牌建设的互促融合。湖南广播电视台的产业合作也备受瞩目,先后实现了与阿里巴巴等知名企业跨媒体、跨行业合作,为进一步开拓媒体融合渠道,打造融合商业模式,提供了良好的市场范本。

在媒介融合背景下,许多西方媒体都走上了兼并重组的道路。而我国媒体在融合转型的过程中,也不可避免地以市场为导向进行了一系列资产重组、合并或收购。例如,2013年解放日报报业集团和文汇新民联合报业集团宣布重组,共同成立了上海报业集团。2018年,中央电视台、中国国际电视台、中央人民广播电台、中国国际广播电台合并组建中央广播电视总台,引起全球范围的广泛关注。同年,天津日报社、今晚报社、天津广播电视台进行职责整合,共同组建天津海河传媒中心。

(四) 媒介融合问题的两大层面

1. 媒介实践层面

媒介实践层面的媒介融合是一个十分广阔的领域，也是媒介融合最基础的研究领域之一。从不同的实践路径出发，所达到的研究目标也不尽相同。在媒介组织实践路径中，媒介融合研究所关注的重点包括以"中央厨房"为代表的运营革新；在用户实践路径中，媒介融合研究更强调用户生产、参与和社交等用户角色属性的变化。在该层面，对媒介及媒介实践内涵的理解是把握媒介融合实践的基础，关系着媒介融合研究问题的延展性以及观察媒介融合实践路径的方式。

（1）万物皆媒视野的逻辑支撑

从广义上讲，凡是能传播信息的载体都可称为媒介，可见，媒介广泛存在于我们的生活中。大众传播时代，媒介的种类更接近于报刊、广播和电视等大众媒介，这是因为，与泛在媒介相比，这些大众媒介拥有更强大的功能和更广泛的影响。而随着互联网和智能技术的发展，计算机和智能手机等新媒介开始进入生活和研究视野，成为大众媒介的一员。可见，技术的演进使媒介功能日趋强大，技术不断形塑出新的媒介。如今，智能技术使电子设备功能愈加强大，物联网技术使更多物体成为媒介终端，移动通信技术使媒介覆盖越来越多的应用场景，越来越多的物体成为媒介，存在于人们的生活空间中，媒介出现泛化趋势。万物皆媒成为媒介发展的客观潮流，推进媒介融合。

虽然媒介出现泛化趋势，但大众媒介实践依然是媒介实践的关键视角。传统意义上的媒介实践主要是传播信息，具体到大众媒介，则是采写、编辑和分发等业务实践。而如今的媒介实践出现了两种变化：一是媒介组织介入超出传统意义的媒介实践，如部分传统媒体加入直播带货阵营；二是非传媒组织介入传统意义的媒介实践，如一些政务部门开设政务新媒体，开展不同类型的媒体业务。参与主体与媒介实践的这种非必然的对应性，使媒介实践的边界日益模糊，媒介融合不断开拓出新的实践路径，因此要从更加广阔的视野理解包括媒介融合在内的媒介实践。

（2）万物皆媒视野下的媒介融合

在万物皆媒视野下研究媒介融合，意味着要关注媒介泛化的趋势，并以此探索不同层次的媒介融合实践及其路径的多种可能性。

在媒介形态方面，媒介融合的研究视野要从"大众媒介形态融合"发展到"物质性融合"。大众媒介形态融合视野强调以传统大众媒介为主体切入媒介融合研究中，而其他媒介形态均需围绕于此。当下媒介研究的物质性转向为媒介融合提供了新的视野。物质性融合视野强调涉及"物"与"物质"的媒介构成、媒介要素、媒介过程和媒介实践的媒介物质性。与原有视野相比，物质性融合视野存在以下两个方面的进步：第一，大众媒介被整合到媒介物质性中，成为媒介系统内相对普通的组成部分，研究者更容易关注到泛化媒介的存在，如现在很多研究把地铁、汽车视为流动媒介；第二，媒介组织、媒介渠道、媒介终端、媒介应用等概念实际上并不等同，但很多研究在讨论媒介形态的融合时，对这些概念的区分并不十分明确，甚至出现了一定的混乱，物质性研究中的"媒介物""数码物"等概念则可使媒介形态的融合层级更加清晰，有助于我们讨论同层级内和不同层级之间的融合关系，一定程度上可改变关于"大众媒介形态融合"讨论混乱的局面。

在媒介实践方面，媒介融合的研究视野要从"大众媒介实践融合"发展到"开放性融合"。大众媒介实践融合视野给媒介实践预设了两种框限：一是参与主体的框限，媒介实践主要由大众媒介主导；二是实践类型的框限，媒介实践类型限制在传统媒体业务范畴。开放性融合则强调媒介融合实践的开放性特征，力图打破这两种框限。将开放性融合应用于媒介融合实践研究，一方面，要求我们意识到媒介融合实践主体的多元性，把用户、政务机构、自媒体、虚拟人物等看作媒介融合实践的重要主体；另一方面，要认识到媒介融合实践类型的丰富性，由传统媒体的信息传播业务拓展到生活服务、知识传播和平台搭建等多元媒介实践。开放性融合体现出媒介实践边界模糊的特征，但强调媒介实践的开放性并不等同于任何人类传播活动都可随意划入媒介实践中，媒介实践依然存在一定的边界。因此，要以更开阔的思路理解媒介及媒介实践的内涵，并由此增强媒介融合研究问题的延展性，拓展观察媒介融合实践路径的方式。

2. 社会系统层面

媒介与社会的关系十分密切，无法从社会系统中单独剥离出来，而社会系统的正常运行也需要媒介发挥作用。媒介融合也是如此，媒介融合产生和发展于社会系统中，又能促进社会的不断发展。一些研究从社会系统层面探讨媒介融合与社会的关系问题，包括公共性问题、人机融合问题、伦理与法规问题、国家治理问题等，最终目标都是促进社会的良性发展。因此，可以把从媒介与社会关系出发的研究视野归结为社会发展视野。

（1）社会发展视野的逻辑支撑

社会发展视野的基础是媒介与社会的互动关系，而媒介融合可看作媒介与社会不断发生关联的表现形式。有学者认为，从媒介融合发展的最终形态与趋势来看，媒介融合的本质是媒介与社会的一体同构。换言之，媒介即社会，社会即媒介。但事实上，媒介与社会目前处于同构的进行阶段，还未到达"一体"的完成阶段，媒介与社会并不能简单等同。在现阶段，媒介社会化与社会媒介化成为社会发展视野的逻辑支撑。

媒介社会化表述了两个事实：第一，网络技术丰富了媒体的社会化形式，信息传播的媒介载体形成了开放式的、公众均可参与的传播载体；第二，传播媒体的信息密度与深度空前强化，并且无缝隙地渗透到社会生活的各个层面，形成信息传播的生活化和消费化，例如，作为一种社交媒介，微信不仅能以多种形式实现人与人的连接，而且还能应用于支付、医疗、交通、防疫、政务等场景。媒介社会化昭示着媒介与社会系统的融合程度越来越深，社会功能越来越多；媒介社会角色也早已超出传统媒体的角色定位范围，由信息传播环节的中介者转化为社会运行环节的嵌入者。因此，要在社会化语境中分析媒介融合的发展过程及其产生的影响。

社会媒介化包含着这样一种逻辑：作用于人类社会形态的媒介形式，其意义远胜于其内容，媒介塑造的文化形态越来越社会现实化，甚至直接出现了媒介所造就的行动场域和社会场域。因此，媒介带来的影响并不局限于媒介本身所具有的功能，更深刻作用于社会个体、社会文化乃至社会治理等社会系统要素。例如，社会媒介化逻辑作用于社会个体，改变着人的生存方式和生活习惯；社会媒介化逻辑作用于社会文化，使社会文化的生成逻辑与表现形态不断发生改变；社会媒介化逻辑作用于治理结构，一些新的国家治理措施开始出现。因此，需要在更广阔的社会领域理解媒介融合。

（2）社会发展视野下的媒介融合

在社会发展视野下研究媒介融合，要求我们注意到媒介融合的社会属性，研究视野由媒介层面上升到社会层面。

在媒介融合的功能方面，其研究视野要从"媒介工具性融合"发展到"媒介社会化融合"。在媒介工具性融合视野中，媒介被当成工具性的存在。在这种视野的指导下，媒介组织被限定在社会系统中的"中介"含义中，而难以被看作社会行动主体。因此，媒介组织的各种行为也被视为相对独立的存在，较少探究媒介融合与社会环境的联系。但随着媒介社会角色和社会功能的变化，媒介成为重要的社会行动主体，与社会系统产生了多维度的联系。媒介社会化融合视野则符合这一发展趋势，将媒介真正放置于社会系统中考察。与媒介工具性融合视野相比，媒介社会化融合视野不只关注媒介融合过程中媒介本身所表现的内容，更关注其对社会运行的实际影响。例如，我国的县级融媒体中心对基层治理产生的影响，应是媒介社会化融合视野的重点研究方向。

在媒介融合的立足点方面，研究视野要从"媒介属性融合"发展到"社会形态融合"。媒介属性融合视野是一种以媒介为立足点的思考方式，即重点关注媒介本身的各种属性，包括信息内容、媒介功能、技术应用、平台终端、管理手段、体制机制、组织结构、人才队伍等。这一视野下的相关研究，虽涉及媒介以外的因素，但最终还是要回到媒介属性上。而社会形态融合视野则超出媒介属性融合视野的媒介中心内核，以社会形态为媒介融合研究的立足点。该视野有以下两个特征：第一，它把媒介融合视为社会发展过程中的现象或问题，而不仅仅是一种媒介属性的调整问题；第二，在某些情况下，要把媒介融合理解为社会融合，即媒介融合以一种媒介化的逻辑作用于社会形态上，出现不同社会领域内部、跨领域乃至整个社会形态的融合状态。有学者在媒介融合背景下重新理解传播及其技术是如何嵌入人的生活并逐渐融入其中的，重新界定人的存在及人与社会、媒介和自身的关系，将研究路径转向讨论传播之于人的存在意义以及所牵涉的自我认同危机。

总之，社会发展视野要求研究者意识到媒介融合与社会系统的联系，媒介融合不仅是媒介领域的融合问题，而且要上升到社会融合维度。由此可见，社会发展视野能增强媒介融合研究的系统性和深刻性。

二、媒介融合技术背景

（一）数字化技术

1. 数字化时代的兴起

由于信息化和数字化之间关系较为密切，两者既存在联系，又有明显的区别。因此，资本主义进入数字化时代经历了两个阶段，首先是资本主义进入了信息化时代，此为第一阶段；由此之后，资本主义才进一步发展至数字化时代，此为第二阶段。那么资本主义为什么会进入数字化时代，或者说资本主义如何从信息化时代发展到今天的数字化时代，是我们需要厘清的一个问题，只有知道数字化时代从何而来，才能知道数字化时代会往何处去。对此，我们可以从主客观两个角度进行分析。

（1）新科技革命的推动

20世纪70年代，西方资本主义国家发生了第三次科技革命，给资本主义社会带来了翻天覆地的变化。这一次的科技革命与以往的两次工业革命最大的不同之处在于，它是以原子能技术、航天技术、电子计算机技术等信息科技的应用为代表的，因此这一次科技革命又被称为信息革命。信息技术是资本主义进入信息化时代的主要推动力。

虽然信息革命兴起于20世纪70年代，但是它的萌芽在第二次世界大战结束初期就产生了。1946年，人类历史上第一台电子计算机埃尼阿克诞生，标志着资本主义社会开始逐渐迈向信息化时代。当时的埃尼阿克非常庞大，重达300吨，占地约170平方米，计算速度为每秒5000次加法运算或者400次乘法运算。第一代计算机发明后，受制造成本的限制，导致电子计算机只能应用于科研和军事领域，难以在民用领域大规模推广开来。直到1971年，世界上第一个微处理芯片发明，才改变了这一局面。微处理器的发明和集成电路技术的更新换代促使电子计算机不断缩小体积，这大大降低了生产成本，进而使得电子计算机从科研和军事领域开始步入民用领域和商业领域，这大大加快了信息革命的进程，加速了人类社会的信息化发展。进入20世纪90年代，随着通信技术的不断成熟，特别是光纤的发明和使用，信息传输的速度和容量都有了极大的改善。此时，计算机网络技术与通信技术也开始相互结合，融为一体，把全世界无数个计算机网络连接起来，诞生了信息革命最重要的成果，即因特网，标志着资本主义社会正式进入信息化时代，这也是当今数字化时代的初始阶段。

此时的资本主义虽然迈入了信息化时代，但由于受到信息技术条件的历史性限制，当时信息化时代的社会生产方式和生活方式与当前数字化时代有着非常大的差别。需要说明的是，资本主义进入信息化时代后，世界各地的信息化进程并不会结束，因为人类社会的新知识在不断产生和积累，科学技术也会随之深入发展，而信息化也会在科学技术的推动下继续深化发展，同时被赋予新的时代内涵，并最终发展至数字化。

当互联网产生后，资本主义社会不再满足于人与人之间的信息交流，而是探究如何将互联网与除人以外的物体进行连接，或者实现物与物之间的信息互通，这就催生出了物联网技术。由于物联网连接大量的设备和装置，这些物体每天都会不断地产生大量数据并上传至云端。物联网在此承担了数据的收集和传递这一重要任务。为了处理这些大数据，云计算技术就产生了；通过云计算进行数据挖掘，将有价值的信息应用于社会生活各种服务中，但信息和实际应用之间有一个桥梁和纽带，那就是人工智能。

资本主义社会发展至数字化时代是在2010年以前，即2008年金融危机之后。因为在2010年以后，物联网、大数据、云计算、人工智能等数字技术已发展成熟并大规模应用于社会生活中，社会生产方式和人类生活方式以及思维方式也随之发生了革命性变化。这时的社会与之前的所谓信息社会已不可同日而语，当前的世界环境也很难再用"信息化"一词来形容和概括。由于物联网、大数据、云计算、人工智能等都被称为数字技术，"数字化"一词也逐渐在社会上流行开来，并衍生出"数字化转型""数字化社会"等新名词。以此为标志，当前资本主义社会已迈入数字化时代。

（2）社会思潮和国家政策的影响

新自由主义是古典自由主义在20世纪下半叶的重新回归。新自由主义把私有制看作推动社会经济发展的基础和动力，坚持生产资料私有化，主张贸易自由化和市场化，反对国家政府对市场和经济的干预。但是，在第二次世界大战结束后，西方国家纷纷采取凯恩斯主义的经济政策和措施来发展本国经济，进入了国家垄断资本主义时期。再加上当时处在美、苏争霸的冷战时期，资本主义阵营面对来自社会主义国家的压力，开始了大规模国有化浪潮，加强了对社会政治、经济的管理。这就导致新自由主义在长时期内没有得到重视，基本上销声匿迹了。

20世纪70年代，西方国家出现了经济发展停滞、通货膨胀的现象，第二次世界大战后在资本主义国家占据主导地位的凯恩斯主义也失效了，无法应对这一滞胀危机，于是新自由主义思潮开始抬头了。为了摆脱滞胀危机，随着撒切尔夫人和里根的上台，英、美两国开始推行一系列新自由主义政策，在以前国家管控的行业领域实行大规模私有化和市场化。同时，资本主义国家把信息产业看作刺激经济发展的动力，所以这一波私有化浪潮中就包括计算机和通信技术等行业，计算机和通信行业在从国防军事领域进入民用领域的过程中迈出了重要一步。在苏联解体、东欧剧变之后，资本主义阵营所面对的竞争压力大大减少了，新自由主义思潮进一步蔓延至全球。在市场体制和资本逻辑的驱动下，计算机和通信行业得到了快速的发展，形成了"新自由主义的网络运动"，大大加快了人类社会的信息化进程，为当今的数字化时代打下了信息化基础。

数字化源于信息化，没有信息化，就没有现在的数字化。信息化社会之所以能够建立，除了必要的科技支撑外，离不开新自由主义思潮的影响，虽然新自由主义思潮有各种问题，但是通过将市场体制引入信息技术领域，确实推动了信息技术产业的迅速发展，促进了人类社会的信息化，为后来的数字化打下了基础。

无论是在信息化过程中，还是在数字化过程中，资本主义国家都出台了一系列措施来推进信息化和数字化。这些政策对信息化和数字化产生了重要影响。特别是"信息高速公路"政策对因特网的形成起到了决定性作用。1993年，美国总统克林顿宣布了"信息高速公路"计划，世界各国也纷纷效仿和响应，制定了一系列推进信息化的政策，最终使得无数计算机终端与互联网相连，促进了人类社会的交往和交流，全世界逐渐变成了一个"地球村"，进入了信息化时代。

在2008年金融危机之后，资本主义国家为了摆脱危机，开始在数字化产业中寻找经济的增长点，颁布了一系列促进数字化产业发展的政策。例如，法国在2008年制订了"数字法国2012计划"，通过大力发展数字技术来推动社会经济的增长，从而应对国际金融危机。这在客观上促进了数字技术及其产业的发展。

在物联网、云计算、人工智能等数字化技术发展成熟之后，资本主义国家率先意识到数字化技术会推动新一波工业革命，纷纷制订工业发展规划来应对这一场数字化革命。

2013年，德国提出工业4.0计划，旨在通过智能制造在数字化革命中抢占先机。美国提出发展数字化产业以推动可持续发展，同时也通过数字化来进行再工业化，重新塑造制造业的竞争力。无疑，这一系列政策和规划对数字化的推动是具有积极意义的，对人类社会进入数字化时代起到了促进作用。

2. 数字化技术的内涵

对于数字化的概念，学术界还没有达成共识。一般认为，数字化是指将信息转化成二进制代码（0和1），并对其进行加工处理的过程。

数字化是将信息转化成一串信号，并通过编码转化成数字（0和1），最后解码还原。著名科学家尼葛洛庞帝教授指出，二进制能够将信息简化成0和1的信息二进制编码过程。现如今，声音和影像等信息都可进行数字化处理。

数字化将生活中的所有信息都简化了，并通过0和1进行表示。随着信息技术的发展和电子设备的普及，艺术家开始将数字化技术和艺术相结合，将数字化技术融于艺术表现中，成功地创造了新的领域——数字化艺术。数字化艺术是一场新的革命，为社会创新发展带来了新的机遇和可能。康斯坦茨学派的美学家姚斯在《审美经验与文学阐释学》中提出，人类的文学艺术实践的成分可分为以下三个方面：文艺的生产、文艺的接受、艺术效果的产生和传播。这也就意味着数字化的意义还包含如何处理"接受"和"效果的产生和传播"之间的关系。

由此可见，数字化技术是一种利用最新的信息技术化媒体，并依托数字化媒体进行艺术展示和传播的艺术形态。

3. 数字化技术的分类

（1）基带数字信号调制

基带数字信号调制是数字化技术在广播电视领域应用的典型代表。基带信号在广播电视领域传播时会掺杂较多的低频分量，此时会阻碍信号调制和传输工作的正常进行。针对该问题，工作人员需要借助数字化调控系统调制信号，处理后，信号传输过程更加稳定，抗干扰性更强。如今工作人员借助数字化技术可以调制载波和振幅，并压缩宽带进一步提高了信号调制和传输的质量。

（2）音频数字化技术

音频数字化技术在广播电视领域也较为常见。音频信息是广播技术非常重要的组成部分。工作人员在处理图像时可以借助数字化技术，数字化技术对图形处理完毕后还需要处理音频资料。音频处理中借助数字化技术可顺利实现信号的转化，进而提高广播音频传播质量。D/A 和 A/D 变换是电视音频质量判断的重要标准。电视音频涉及的数字转化步骤较多，主要包括音频信号取样、音频信号量化以及音频信号编码等。取样处理直接关系音频处理质量，工作人员需要严格把控音频取样频率，确保其频率与二倍模拟信号频率相一致。

（3）图像板块数字化技术

图像板块数字化技术的应用可以将不同的模拟信号和对应的转换器作为介质，实现数字化信号的转化。信号转化的过程中技术人员需要做好采样与量化处理工作，以此获得大量的数据，随后工作人员借助 MPRG 视频压缩技术对生成的大量数据进行压缩处理，将冗余的数字信号消除。之后，借助补偿算法消减数字信号中的时间方向。广播行业借助数字化技术对图像板块进行数字化处理时要尤其注意取样环节，该环节直接关系信号转化效果，取样结束后工作人员要对其进行量化处理，随后再次编码。大量实践证实，数字化技术的应用进一步提高了广播行业的图像处理水平。

4. 数字化技术的应用

广播电视工作人员要熟练使用计算机相关技术。数字化技术背景下广播电视人员要想顺应时代发展趋势就需要熟练使用计算机相关技术。新时代下的广播电视行业技术人员要熟练使用各种录音编辑软件，广播电视行业要加大在录音编辑软件方面的研发力度，投入足够的资金和技术，不断健全广播电视行业硬软件设施。技术人员熟练使用各种现代化的广播电视编辑软件可解决传统工作模式下音频传输困难的问题。据调查，如今越来越多的广播电视企业开始应用现代化的录音编辑软件，如 Cool Edit Pro 软件，技术人员借助现代化的软件可以高效开展音频文件的制作工作，处理后的音频文件通过邮件、QQ 或者 MSN 直接传输出去。数字音频工作站也是数字化背景下广播电视领域快速发展的标准。技术人员借助数字化技术可以加快我国广播电视行业的发展。此种背景下要想进一步强化广播电视行业的数字化特征，就需要技术人员熟练使用音频工作站。由此可见，数字化背景下广播电视行业工作人员要具备主动学习意识，熟练应用相关计算机技术，更好顺应时代发展的趋势。

广播电视工作人员要注意增强自身技能，提高综合能力。数字化背景下广播电视行业工作人员要注意增强自身技能，不断提高自身综合素养。广播电视行业借助数字化技术促使原有的信息传递方式发生了改变，使得广播电视节目变得更加丰富。广播电视行业的通信人员和记者可以借助数字化技术直接参与新闻资讯的报道。这就要求广播电视行业工作人员要具备多方面的技能，对编辑、记者以及主持人的工作都要熟记于心，多种技能于一体可以促使工作人员更加满足数字化背景下广播电视行业的发展要求。例如，广播电视行业工作人员要善于从编辑人员、记者、主持人的角度判断事件，不断增强自己的工作技能。同时，具备编辑素质、记者素质的广播电视行业工作人员更能满足数字化时代的发展要求。

（二）网络技术

20 世纪 60 年代末美国的"ARPANET"项目是网络的最早起源。以互联网为开端，世界正式步入了网络化时代。网络无疑为人们带来了极大的便利，使得信息传播开始发生彻底的转变，大量信息传播开始向网络化转移，而以网络为载体的新媒体的出现成为必然。受网络技术的影响，媒体开始逐步向网络方向转移，并日益向着以网络为主的方向发展。以数字化信息技术为基础的网络技术极大地提高了媒体的效率，所有传统媒体开始寻求与网络的融合，或建立基于网络的新渠道。

（三）三网融合技术

1. 三网融合概述

三网融合，顾名思义是由计算机网络技术、电信网络与广播电视网络构成的融合系统，其秉承高效化、完善化通信网络建设目标，以实现多主体个性化服务的融合建设愿景。三网融合是必然发展趋势，其具有极高的技术实践应用表征，力求在实践中实现网络层的有效联通。三网融合又被形象地称为三网合一，以计算机网络技术、电信网络与广播电视网络之间的兼容整合推出信息通信统一网络体，不再以通信巨头为垄断核心，而是将互联网的发展放于通信行业发展的核心位置，规避广电内容输送垄断的风险，三网融合主体能真正做到不分你我，协同配合。换句话说，力求打破原有三网工作的界限，真正实现网络终端、行业业务、技术等的融合。

目前，三网融合体系内的技术类型偏多，不仅有软件技术、数字技术，而且还涉及光通信、网络传输等技术。其中，软件技术服务于用户现实需求的合理满足，能增强用户服务的针对性。而数字技术主要负责语音传输及交换图像数据信息的编码处理，属于典型的加工技术。光通信科学技术属于新兴技术，其在三网融合实践中主要提供带宽服务，也为三网融合提供优质的系统平台支持。而TCP科学技术被称为网通信协议科学技术，为三网融合提供保障。

2. 三网融合技术的优势

三网融合技术悄然而至，许多用户享受在便捷的信息服务中，仍没有察觉这一重大的信息变革。尽管如此，三网融合技术以默默无声的姿态彻底颠覆了人们的日常行为习惯。时至今日，三网融合已经融入千家万户中，在可以通过手机浏览网页的同时也可以观看电视节目，同时，通过遥控器也可以操控电视来实现网络浏览功能，同时可以实现便捷缴费等功能。对三网融合技术的深入了解有助于三网技术的进一步提升，只有顺应用户需求与时代发展需求，才能取得非凡的成就。

（1）三网融合技术自身的优势

三网技术实现融合之后，其使用范围也逐渐扩大，在便捷购物、便利家居、个人健康、老人护理、工业检测、智能消防、环境保护、政府工作以及智能交通等众多领域都有涉及，以高超的技术与现今的服务理念实现了适用性、普及性以及广泛性的效果，三网融合技术通过其自身强大的优势，彰显出了重要的时代趋势与意义。三网融合技术将电信网、互联网以及广播电视网中具有的功能以及内容进行了有效整合，与世界范围内的信息实现了同步，降低了三网自身低水平的建设效果，通过三网有机结合，有效提升了人们的生活效率，同时也节省了公司的成本支出。

（2）三网融合技术为政界带来的便捷

政府工作需要进行大量的信息收集与整合，在这个信息大爆炸的时代，政府信息搜集与获取工作并非一项易事，机械的信息搜索模式只会消耗大量的人力、物力与财力。三网融合技术的发展为政府工作提供了巨大的便利，可以通过其强大的工作机制，在纷繁复杂的信息中，以最快的时间调查当下的时事政要，同时，政府部门工作中的民情调查、民意勘探以及社会形势等也能通过三网融合技术得到解决。同时，三网融合技术可以为政府的政策颁布、公告发布等事项提供便捷的平台，并利用网络的传播功能实现政策信息的广泛普及，提升政府的工作效率。

（3）三网融合技术为商界带来的便捷

三网融合技术是商界实现广阔发展的重要平台。三网融合技术可以显著发挥信息传播扩散的优势，同时商业生产经营过程中的信息战略宣传是保证企业实现经济效益的重要途径，通过三网融合技术，可以在人们观看手机、电视节目时，传播促销、招商、广告等商业信息，改善企业以往信息发布的狭隘性，在提升企业信息传播效果与扩大信息传播范围的同时，也为有需要的用户提供了重要的信息，实现了双赢。

（4）三网融合技术为生活带来的便捷

三网融合技术可以将彼此的高级功能实现连接，方便人们的日常生活。但是，三网融合技术的有关操作并不是高高在上的，许多不习惯网上操作的高龄用户，通过日常使用的遥控器，即可以在电视上进行信息查询、在线购物等。同时，商界人士可以通过三网融合技术查询到自己关心的商情和股票详情。同时，学生可以在线观看网络中的教育内容。三网融合技术通过丰富的内涵与便捷的操作，为多种层次与类型的用户提供了多样化的选择与简便的操作。

第四节　广播电视的媒介特征

一、诉诸视觉和听觉

广播电视区别于印刷媒体最显著的特征在于，其是以视觉和听觉符号而非语言文字符号为传递信息、承载意义的主要方式的。这一特征使得广播电视的内容比报刊更加直观，也更具冲击力，对于视听符号系统的依赖，一方面使得广播电视对于社会实践与过程的记录比报纸的文字报道更具可信性，因为人们总是相信"眼见为实"；另一方面也使广播电视得以"兼容"其他视听艺术形式，如摄影、戏剧、音乐、电影等，成为名副其实的综合性艺术载体。

不过，基于视听符号的传播方式也使广播电视，尤其是电视，受到了一些严厉的批评，如美国学者尼尔·波兹曼就在《娱乐至死：作秀时代的公共话语》一书中指责电视用图像替代了书写的文字，导致受众逐渐失去了对各类事物进行抽象思考的能力，进而使严肃的社会议题被转变成了肤浅的影像，使人们在无休止的娱乐中沉迷至死。

此外，对于图像的大量使用也会产生相应的伦理问题，如 2011 年 10 月，利比亚前领导人卡扎菲被俘并遭反对派士兵枪杀，各国多家电视台均播放了其伤痕累累的尸体的特写画面，更有围观者"在卡扎菲尸体的周围拍照"。电视媒体对卡扎菲尸体的清晰呈现，被一些批评家喻为"曝尸"，而对死者尸体的展示通常被认为违背国际通行的新闻伦理。

二、信息即时传送

与报纸、杂志等印刷媒体相比，广播电视最显著的优势恐怕就体现为其传递信息的时效性。无论是通过微波、光缆还是通过卫星通信，广播电视都可以实现信息的传播和接收几乎同时完成；而报纸、杂志无论如何增强时效性，也无法抵消印刷和运输环节需要耗费的时间。正因如此，我们通常认为报刊更适宜刊登对事件进行全面阐释和深度剖析的内容，而广播电视最大的魅力则在于对"现场"的即时呈现与实况转播。

三、线性内容编排

广播电视的内容是按照时间顺序进行编排的，受众通过电视机或收音机接收节目，只能按照电视台和电台预先设定好的播出次序线性完成。这一过程具有强制性，受众若要终止接收某一信息，只能转换频道/频率或关闭电视机/收音机。例如，一位电视观众想观看某电视频道播出的电视连续剧《北平无战事》，那么他必须按照电视台预先制定好的节目表，每天准时坐在电视机前收看。这是广播电视与报纸、杂志的另一个显著差异。

基于时间顺序线性编排内容的媒介特征使广播电视特别适合叙事性内容的呈现，并有助于其通过提供连续不断的内容持续攫取受众的注意力，对其施加影响。目前，有影响力的广播电视媒体基本上实现了全天 24 小时不间断播出。不过，这一内容编排方式也有相应的弱势，那就是时间终究是有限的，对于一个频道来说，全天 24 小时就算全部排满节目，所能传递的信息也就那么多，不同电台与电视台的节目只有品质高下之分，没有播出时间长短之分。而报纸和杂志则不同，它们在理论上可以无限扩充版面的数量。

四、接受门槛低

广播电视是真正意义上的"零门槛"媒介，因为它们对受众的受教育程度几乎没有任何限制。而印刷媒体则不同，报纸和杂志等以语言文字为内容的载体，对读者提出了一定的识字率的要求。根据教育部语言文字信息管理司公布的《中国语言生活状况报告（2013）》，熟练掌握大约960个汉字才可以较为顺畅地阅读中文语境下90%的内容；而若要无困难地阅读99%以上的内容，则至少要熟练掌握2300个汉字。广播电视的这一特性使其成为渗透力极强的媒介，只要信号或光缆覆盖到的地方，受众打开电视机或收音机，就可以接收到源源不断的声像和讯息。

五、内容不易保存

对于听众/观众而言，广播电视的内容是转瞬即逝的，除非在播出时使用录制设备对其进行备份，否则若要重新收听收看，就只能等重播了；而报刊的技术基础是印刷术，是可感可触的物质存在，只要印刷出版，就一定能够存留，并可在日后反复查阅。比如，我们想从事一项研究，去图书馆查阅资料，会发现很多年以前出版的报刊往往可以很容易找到，但早期的广播电视节目极难获得。广播电视的这一媒介特征对其内容生产也提出了严格的要求。正因转瞬即逝、不易保存，广播电视的内容通常要晓畅易懂，便于受众在极短时间内理解吸收。广播电视很少使用佶屈聱牙的字词和结构复杂的语句，尤其是电台广播，因为只有声音一种表达方式，表达的口语化和日常化往往得到反复的强调。

不过，随着互联网技术的兴起，广播电视的这一劣势逐渐不复存在。数字化的生产与播出使得节目内容的储存和查阅变得更加容易，实力雄厚的广播电视媒体大多创立了自己的网络播出平台和节目库。如今的电视观众即使错过了一期《中国好声音》的电视播出，也可以随时在自己方便的时候通过视频网站点播收看，而不必借由录像带或DVD等储存手段完成，这在某种程度上改变了传统广播电视播出环境下的传授关系。

第二章 广播电视艺术概述

广播电视是大众传播的重要媒介之一，不仅承载着信息传播的社会功能，还负担着传播正确价值理念的社会责任。广播电视艺术是指通过广播电视声画语言塑造视听形象，给观众以艺术享受的广播电视节目。广播电视艺术形态多种多样，用不同的方式和全新的视角表现世界，满足观众不断增长的视听需求。本章分为广播电视的内涵、广播电视的属性、广播电视艺术的功能、广播电视传播的构成四部分，主要包括广播电视概述及内涵、意识形态属性、产业属性、公共服务属性、自我调整属性和文化传播属性等内容。

第一节 广播电视的内涵

一、广播电视概述

广播电视在 20 世纪中叶开始走入大众的视野，并逐渐普及到每个家庭中，当时的电视媒体作为"新媒介"出现，影响并改变着人们的媒介环境以及生活方式。电视作为大众传播媒介拥有属于自己的辉煌时期，在传统有线电视时代，由卫星发射的模拟信号是图像与音频的直接来源，虽然与如今相比，可供选择的节目并不多，但相较于电影，电视媒体的开放性使得观众可以更加"随心随性"。那个年代，家家户户为了收看自己喜爱的电视节目，都会按时按点地守候在电视机前，而且由于我国电视节目没有采用西方国家的对应年龄划分节目内容限制的机制，所以相对来说，无论是电视文艺栏目还是电视剧，几乎在真实性、审美标准、教育功能上呈现无伤大雅、老少皆宜的特点。

无论是从技术角度而言还是就节目内容而言，传统的广播电视做到了"广"而播之。而观众就需要在"广"的内容中凭借自己的喜好来进行收看选择，这种观看方式需要一定的时间成本，即在电视机前轮流翻看频道，并且进入收看状态也需要付出些许时间，于是，记住喜爱节目的播出时间和播出频道就成了当时观看者节省时间成本的唯一途径。这也导致了当时所有收视率相对不错的电视节目都选择以周期性、规律性的方式播出，形成独有的栏目文化。然而即使解决了时间成本问题，稍纵即逝不可回看的即时性特性也使得传统广播电视在现代相对缺乏竞争力。

如今，互联网的诞生和发展使得信息传播的方式发生了根本的变化。微博社交平台、微信公众号、直播、短视频等新兴网络媒体的信息传播速度，信息传播的交互方式和所承载的信息量都已经远远超过广播电视等传统媒体。并且，随着智能设备的发展和移动终端的普及，单一功能的媒介越来越难以吸引每日接收无数信息的受众，因此卷入式和高黏性的"融媒体"理念应运而生。融媒体以扬优为目的，将资源整合在传统媒介日渐失活的情况下，"打通"不同媒体的边界，充分利用互联网，对电视媒体等传统媒体与新媒体进行有效的、互补的有机结合，以互联网思维为之植入新的表现语言，这样才能使电视媒体在融媒体时代获得更强的生命力和表现力。

二、广播电视的内涵

（一）广播电视的跨区域传播

1964年，马歇尔·麦克卢汉在他的专著《理解媒介：论人的延伸》一书中，首先提出了"地球村"的概念。他认为，由于广播、电视和其他电子媒介的出现，人与人之间的时空距离骤然缩短，整个世界又紧缩成了一个"部落村"或"地球村"。他把这称为人类社会的"重新部落化"阶段。他是在肯定广播电视的影响和作用时提出这一概念的。事实上，只有在电子传播中运用了卫星转发和网络数字传输技术，才使这个理想逐步得以实现。

媒介传播技术的创新发展对传播行为产生无可估量的影响。现代传媒发展的历史脉络已经清晰地显示出加拿大学者哈罗德·亚当斯·英尼斯所提出的"偏倚空间的媒介"倾向。如今，电子媒体所实现的远距离实时传播已经充分发挥出了传媒"偏倚空间"这项特性。特别是在全球性的重大现场直播活动中（对奥运会开幕式、世界杯足球赛等的直播），分布在世界各地的媒介受众已经没有了"时差"的概念。当前，现代传媒在"时间"与"空间"两个维度上都改变了人们传统的观念。

第二章 广播电视艺术概述

从"广播电视"——"人造卫星"——"因特网"的演变轨迹中,我们看到的这些都是促成"地球村"的基础条件。电视从黑白电视发展到彩色电视,再发展到现在的有线电视、卫星电视、数字电视,广播也从原来的有线广播,发展到调频广播、数字广播、卫星广播,使广播电视逐步走向现代化,对社会产生越来越大的影响。这一过程正体现了人类文明社会发展的必然趋势和客观规律。

(二)广播电视的跨媒体发展

跨媒体传播的理论要求较严格。由于多种媒体平台有其自身独特的特点和优势,能发挥不一样的价值和作用,对受众而言所展示的途径和方法不一样,即使是同样的文本,可以通过观看、聆听、阅读等不同的方式进入受众的视野中,给受众带来的体验也不相同。

在新媒体环境中参与性的文化影响受众的思考,而受众的思考又反作用于相关媒体的具体发展,比如说"盗猎"和"召唤"分别指的是媒体和受众两个方向,通过对概念的划定,分析受众对传播具体建构的积极和消极因素。著名的传播和媒介研究学者亨利·詹金斯提出,由于新旧媒体联系日益紧密,相互作用日益明显,跨媒体传播已经是不可避免的潮流和趋势。跨媒体传播是多元化的传播手法,在情节、传播媒体、传播主体以及传播方法方面都是多元的,跨媒体传播围绕一个主体展开传播。通过跨媒体传播,不仅可以引起受众的注意力和兴趣,而且能够吸引受众参与互动,加入叙述。

现代广播电视与传统广播电视的最大区别就是它的存在方式发生了变化。传统广播电视单媒体形态将逐步融入多种媒体。这种变化是不以人的意志为转移的广播电视的基本发展方向。数字化之后,我们的电视机变成了多媒体信息终端,不仅能看电视节目,还可以听广播,可以获取多种信息资讯服务,可以通过电视购物、缴水电费。电视成为人们生活中不可缺少的工具,成为社会现代服务业的支撑平台。

1.广播电视与多种媒体在内容形式上的互补融合

广播电视的信息网络化趋势改变了传统广播电视的传播观念,现代化的数字压缩技术使网络信息的存储、传递方面比传统广播方式具有绝对的优势。数字化的网络传输系统兼容报纸、图文、电话、广播、电视、电影传播功能并将其融为一体,从而从根本上提高了传播效率,降低了传播成本。网络中的广播电视不仅可供用户收听、观看,也可供用户检索、阅读、存储、评论、下载、剪辑和转发,从根本上改变了传统媒体信息单向流动的特征,给予受众前所未有的传播选择权和参与权。这种双向互动的方式增强了传播的效果，弥补了传统广播电视的不足，发挥出了前所未有的互补优势。

①传播功能的优势互补。广播电视传播与网络传播一体化整合发展，有助于充分利用网络传播的优势，克服广播电视自身存在的许多缺陷，而广播电视传播和网络传播的一体化整合，使广播电视传播功能得到优势互补。广播电视传播和网络传播的一体化整合，为广播电视超越自身的局限拓展了无限宽广的天地。

②传播信息的有增无减。传统广播电视的信息容量只能局限在有限的时间段内，一个频道一天只有24个小时的信息容量，因此信息流量变得非常有限。而广播电视传播和网络传播的一体化整合突破了传统广播电视线性播出的流程，使所有信息都可以同时储存在网络上，根据选择需要随时在网络终端呈现，从而扩大了广播电视播出的信息容量。另外，计算机数字压缩技术使节目内容的存储和查寻变得简单可行。通过链接，用户可以随时随地访问所有存储节目的信息以及其他相关的内容。此外，文字、图片等多种信息传播功能的辅助配合，也进一步扩大信息传播容量。用户可以在对与节目相关的文字、图片、声音等形式的背景资料进行链接的过程中，对节目相关信息做进一步的选择。

③传播时效的随机更新。广播电视节目由于按线性流程播出，最大的缺点就是稍纵即逝。这对于受众充分汲取、消化信息内容，存在很多不便。而广播电视传播和网络传播一体化整合使节目内容既可同步实况播出，也可异步传播。另外，传统广播电视节目内容的更新往往受制于节目板块的整体安排，很难突破，而网络中的广播电视节目内容则可以超越板块的局限而随机更新，从而大大增强信息传播的时效性。

④传播媒体的超级链接。传统的广播电视节目由于按线性流程播出，用户只能根据节目时间表和节目预告在预定的节目播出时间段查寻节目内容，接受效率极低。广播电视传播和网络传播整合后，通过强大的网络搜索功能，用户所需的节目信息迅速呈现在显示器上，极大地增强了接收节目的确定性和针对性，提高了检索和利用信息的效率。

⑤传播形式的双向互动。传统的广播电视传播基本上属于单向和被动的传播方式，属于由点到面的单向传播。用户只能通过直接或间接对电视机或收音机进行控制来体现微弱的主动性，通过电话、信件体现微弱的双向互动性，由于人力、物力所限，其有效性也可想而知。广播电视传播与网络传播的一体化整合，使广播电视发展到由点到点的双向交互式的传播，从而从根本上改变了传统广播

电视单向传播的缺陷，充分体现出人的主动性和传播的双向互动性。此外，网络传播所具有的极大的兼容性也为全方位的双向互动性提供了可能。

2.广播电视与多种媒体在产业经济上的互补融合

各类传播媒体之间应以互利互惠、共谋发展为原则，与各媒体运营主体开展各种形式的合作，力争使广播电视资源得到最大限度的综合利用，使它的宣传效果和服务水平得到最大限度的实现和完善，逐步发展成为多媒体、多渠道、多品种、多层次、多功能的综合性传媒产业集团。它首先应该着力抓好本系统资源的整合，包括对内部资源的挖掘和有效整合，同时对跨区域资源和其他媒体资源进行互利合作开发以及对民间资源的有条件吸收利用。科学地调整制作、播出、传输、分配之间的关系，最大限度地发挥资源整合的优势，提高自己的核心竞争力。在新的体制框架下，以市场主体的姿态积极参与各省区之间广播电视领域的合作与发展，实行资源整合、优势互补、互利共赢，并建立起合作机制。应以市场为导向，排除区域合作的各种障碍，打破地区封锁的格局，逐步建立健全对内对外双重开放的、统一的广播电视产业大市场，促使广播电视物流、人才流、资金流、信息流、品牌等各种生产要素实现跨区域、跨媒体的自由流动。

（三）广播电视的跨文化交流

文化趋同理论认为，传播是多个个体或者群体通过分享信息来理解意义及文化的过程，在这个过程中人类可以实现相互理解。各个国家的广播电视是由拥有不同文化背景、世界观、想法和信仰的人们为了创作出新作品而展开的一种创造性活动，它促进了不同主体之间的对话合作。

相较于外国的广播电视节目，我国制作的文化产品具有明显的文化贴近性，这些文化产品在主题、语言、人物、叙事风格等方面更加契合当地人的视听喜好，展开文化传播就必须把这些因素考虑在内。中国展开对外传播的历程经历了从"对外宣传"向"国际传播"的路径转换，在传播方式上更加注重文化接近性，以期取得更好的传播效果，具体到实践层面，用镜头描摹传播对象国的人民生活状态、社会发展水平、文明发展程度是一种行之有效的办法。

传播既是不同信息之间互相沟通、交流的过程，也是文化共享、文化对话的过程。继认识论和语言学发生转向后，对话主义哲学在西方哲学界掀起了新一轮思潮。所谓的"对话"，是指传受双方在相互尊重、信任、平等的立场上，通过言谈和倾听而进行双向沟通和交流的方式。要实现对话，就需要主体双方保持开放的心态，放下以往的成见，允许差异的存在，对传递过来的语言符号和非语言符号进行理性辨析。从多元的视角审视自己的言行、观念、传统，了解传播者的心理诉求，试图在不同的文化观念碰撞中寻找到一个平等对话的空间。在广播电视的跨文化交流传播实践中为来自不同文化背景下的人们提供了文化交流的平台，具体实践体现在以下几点。

一是从文化他者的角度展开文化交流。他者与认同相伴相随，"文化他者"是我们对待异国文化或异族文化时用以区分自身文化所用的概念。广播电视纪录片的风光题材、历史题材、人文题材数不胜数，如何在已有的作品中脱颖而出，成为新作品问世的关键。对于同一个广播电视题材而言，不同的叙述视角决定了作品的新意和风格。不同国家的故事叙述者在广播电视中不仅仅是一个讲述者的身份，其自身具备的文化视角和跨文化经历，都为观众提供了一个熟悉又陌生的对话体验。受到文化认同感的影响，不同文化背景的受众更喜欢观看贴近自己生活和经历的节目，也天然地对来自本国的人民怀有好感，邀请外国人来表演，对外国受众而言，这种新颖别致的叙述方式能够给人一种新的审美体验。对于中国受众而言，通过异国他者的视角回顾历史，能给人以新的启发与感悟。通过从文化他者的视角与对象国的受众展开信息互动，能够促进互相理解，也有助于跨越传播过程的"自我中心论"，弥合主体之间的差异。

二是从当事人的视角展开交流。大众媒介承担着传播信息、提供公众讨论交流的重任。哈贝马斯提出了交往理性理论，根据他的观点，人类的传播是主体之间平等互动并且形成意义的过程。要实现交往行为的合理化，就需要人们在言谈中相互理解，而要实现理解，就必须通过文化交流，最终形成共识。

第二节 广播电视的属性

一、意识形态属性

我国广播电视业在实行改革开放，逐渐以经济建设为中心后，才逐步被推向产业经营的大潮，20世纪90年代以后我国广播电视事业性质和产业性质的双重属性特征开始形成并发展，政府对广播电视业的规制也逐渐从完全行政控制转变为经济手段和政治手段并重，现今我国广播电视媒体在媒介融合以及复杂的国际形势大背景下形成了大规模的传媒集团，广播电视的影响力和经济实力日趋庞大。广播电视自产生以来，一直处于政治宣传和舆论引导的关键地位，其具备的强烈的意识形态特征突出表现在具有舆论导向的新闻传播活动中，因此我国的广播电视媒介即使在市场经济的背景下也依然被普遍认为是一种公共事业，在市场中进行产业发展与竞争的同时意识形态特征也没有发生本质上的改变。

马克思在19世纪50年代出版的《政治经济学批判》中的典型观点为"人民在自己生活的社会生产中发生一定的、必然的、不以他们意志为转移的关系，即同他们的物质生产力的一定发展阶段相适应的生产关系。这些生产关系的总和构成社会的经济结构，并有一定意义的社会意识形态与之相适应的现实基础"。早期的马克思主义理论指出了新闻媒介为上层建筑，具有强烈的意识形态属性，社会存在对社会意识起到决定性作用，我国的广播电视归于社会上层建筑范围，所以能够为广播电视业提供相应的经济基础服务。纵观广播电视业诞生之初至今的历史进程可知，我国的广播电视同样具备特殊的意识形态特征。

二、产业属性

（一）广播电视产业发展研究

广播电视产业是指围绕广播电视节目（包括广告）的生产、经营和消费等市场经济活动与经济现象。广播电视产业是文化产业的重要组成部分，研究主题是广播电视市场中广播电视企业为满足市场消费者需求而进行的各种经营性活动。从性质上来看，广播电视既是进行大众传播的社会媒体，又是生产精神内容产品、创造经济效益的社会存在。20世纪末，广播电视媒体在现代社会中发挥着举足轻重的作用，国内外学界基于现实需要越来越关注广播电视媒体的产业发展问题。广播电视媒体的产业经营属性、运营原理和发展策略遂成为国内外学界研究的重点。国外对广播电视产业属性的认识建立在长期的经营管理实践的基础上，且具有典型的技术性和经济性特征。

1. 国外学者的观点

国外的研究大多倾向于媒体融合的实践研究。"媒介融合"这一概念是由美国麻省理工学院教授伊契尔·索勒·普尔最早提出的，他认为，在数字技术的影响下，电信、电话、电报以及大众传播媒介之间原有的行业隔离与技术区别正在逐步消失。

在技术和政策层面上，广播电视通信技术是广播电视产业发展的基础，广播电视产业与电子通信业的发展密不可分，出台相关政策势在必行。以美国为例，为了规范广播电视产业和通信业的发展，美国政府于1934年成立了联邦通信委员会（Federal Communication Commission，FCC）进行行业监管。至此，美国联邦通信委员会通过制定行政法规、颁发许可证、监督仲裁、分发频率、提供用户信息服务等管理手段，对美国广播电视产业的结构、规模和竞争力都产生了重要影响。

在研究层面上，学者从"需求—市场—产业"的框架角度给出了一定的研究成果。20世纪50年代，芝加哥大学的罗纳德·科斯教授开展了关于广播电视频率拍卖对节目价格影响的研究，将广播电视产业应用纳入理论研究的范畴。1989年，传媒学者罗伯特·皮卡德出版了《媒介经济学：概念与问题》界定广播电视产业为"形形色色的媒介运营者如何在各种资源非常有限的前提下，满足受众、广告商在社会咨询与娱乐等方面的需求"。1996年，媒介经济专家艾伦认为广播电视产业旨在使用稀缺资源来生产一定的内容以满足社会公众各种不同的需要与欲求。

此外，还有学者从传播政治学的角度对广播电视产业社会功能和经济功能之间的关系进行分析论证。麦克切斯尼给出了传播政治学框架下研究广播电视产业的两大路径：一是广播电视媒体与传播系统如何对社会关系施加影响；二是广播电视产业结构和内容生产过程对传播消费和效果的影响。罗纳德·贝蒂格将确立了三个研究方向：产业经济结构、资本对文化信息生产和消费的影响以及传播系统内部的矛盾和阻力。莫斯可认为，广播电视产业文化内容生产的商品化、大众传播的跨地域空间化和对社会发展作用的结构化是其主要特征。

2. 我国学者的观点

国内学者一般认为，这一概念作为一种正式的科学性概念是由中国人民大学教授、新闻学专业的学科带头人蔡雯于2004年引入我国的。我国目前对媒体融合背景下广播电视产业的转型策略研究主要集中在体制机制改革、融媒体平台建立、创作思维转变、内容生产加工、品牌建设、人才培养和技术应用等方面。谢春林总结中国电视规制体制既非西方的公共电视规制体制，又非西方的商业电视规制体制，而是公商兼有，不能只追求社会效益，也不能只追求经济效益。黄良奇重点对媒体融合背景下广播电视媒体舆论引导能力的提升路径进行了研究，具体体现为坚持新闻立台、观点和理念立台等，他认为媒体融合背景下的广播电视媒体提供给公众的信息应当及时透明，确保公众知情权，媒体应当有效进行议程设置，提高舆论影响力，同时要积极与公民媒体联动，使民意民情得以充分表达，并且要拓展传播渠道，提升舆论辐射力。孙宜君、刘进研究了媒体融合背景下的广播电视产业人才培养问题，提出了要符合社会需求、改革课程体系以及注

第二章　广播电视艺术概述

重实践教学等较为具体的人才培养策略。支庭荣指出，传统媒体进入新媒体领域之前，需要冲破行业壁垒，与新媒体达成战略联盟、推进技术进步、促进产品创新，通过投资并购迅速增强实力都是可行途径。张常珊在分析了我国媒体融合面临的形势后，提出了"内容＋渠道"的融合发展之路。

我国广播电视产业的发展模式有别于国外，对广播电视产业的研究也相对滞后。长期以来，广播电视等大众媒体承担着"党和人民的喉舌"的作用，必须将正确的舆论导向放在首位。因此，国内学者更多地将广播电视作为"新闻事业"加以研究对待。改革开放以后，随着广播电视内容产品交易和广告市场的不断发展，广播电视的产业属性才逐步得到关注和认可。我国学者对广播电视产业的研究起始于20世纪80年代中后期关于"精神经济"主题的讨论，比较典型的是1986年陈力丹关于"新闻商品性"问题的探讨。

1986年，杨彪在《新闻界》发表文章《我国新闻不是商品》。随后，陈力丹也在《新闻界》发表文章《新闻是一种特殊商品》，并对杨彪提出的观点进行了反驳。陈力丹认为，在我国实行商品经济的大环境下，新闻界要承认新闻的商品属性以适应社会变革，广播电视的商品也是较为明显的，广播、电视节目的生产费用也是一样，只是他们作为商品出现的形式更为特殊罢了。

1989年，周鸿铎在《探讨广播电视业的经济属性》一文中认为，"从人类传播的一般意义来看，经济传播是其重要组成部分。从现代社会的经济结构来看，广播电视是一个重要的信息产业。从生产力系统来看，广播电视可以说是一种精神生产力。从广播电视技术的角度来看，广播电视产业具有明显的生产职能……以上分析说明，在社会主义计划商品经济条件下，广播电视部分精神产品的商品属性是客观存在的，并不以人们是否承认它为转移。并且在一定的社会条件和经济条件下，广播电视部分精神产品已进入商品交换的范畴"。

为了应对加入WTO后来自国际广播电视巨头的激烈竞争，学界对广播电视的产业性质、市场规律和管理运营提出了一定的看法。黄升民认为，广播电视的产业化是我国社会经济文化发展的必然结果，是"精神生产事业的媒介单位沿着经营和理性的轨迹向企业状态过度的一种现象"。陆地认为，广播电视产业从消耗性的政治宣传手段向具有经济功能、宣传功能、教育功能、娱乐功能并举的经营性产业过渡，是"为了适应国内新市场经济体制的确立和运行，也是为了适应电视技术的发展和国际电视产业经营的集团化、国际化新趋势"。

此外，比较有代表性的研究著作主要有黄升民、丁俊杰主编的《媒介经营与产业化研究》《中国广播电视媒介集团化研究》，陈卫星、胡正荣主编的《全球背景下的广播电视》，陆地的《中国电视产业的危机与转机》，喻国明的《变革传媒：解析中国传媒转型问题》，范以锦、董天策主编的《数字化时代的传媒产业》等。2013年之后，微博、微信、爱奇艺网络电视、优酷土豆在线视频、抖音、快手、短视频等新媒体快速发展，对传统的广播电视业造成了一定的冲击。广播电视产业的研究更加关注于广播电视与新媒体的融合发展、节目内容创新、商业模式创新等内容。在习近平新时代中国特色社会主义思想的指导下，坚持正确的舆论导向、弘扬社会正能量、做大做强主流思想舆论，成为广播电视媒体的首要责任。

国内外学者对广播电视产业的研究路径和侧重点均有所不同。国外学者主要从媒介经济学视角和传播政治学视角进行分析论证。其中，媒介经济学视角主要以"需求—市场—产业"为框架探讨广播电视产业的市场运营规律；政治传播学的视角则继承了法兰克福学派的观点，用批判主义的思路探讨广播电视产业经济价值与社会价值之间的关系。

国内学者对广播电视产业的研究明显晚于西方学者，但其研究思路和研究成果展现了中国语境下广播电视产业研究的特殊性和价值导向。首先，我国广播电视产业的发展、成熟与改革开放的历史进程直接相关，国家政策对广播电视产业的发展有着重要的推动作用。其次，我国广播电视产业的发展带有一定的国际化背景。特别是在2000年前后，为应对加入WTO后广播电视产业即将面临的竞争压力，大量省、市级广播电视集团相继成立。学者也开始关注WTO对广播电视产业的影响、广播电视产业集团化、广播电视事业向广播电视产业的嬗变等研究主题。再次，数字化时代的广播电视产业也在不断地进行变革与创新。在网络信息技术的推动下，广播电视产业的运营模式和产品形态都发生了一定的变化。最后，广播电视产业具有典型的意识形态特征，隶属于中国特色的文化产业范畴。我国的广播电视产业依托广播电视事业发展而来，是国家资本运营文化产业的现实写照。

（二）与时俱进的广播电视产业特征

我国社会主义市场经济正处于持续发展的态势，广播电视业的产业性特征逐年显现，我国对广播电视业的规制手段在广播电视产业的发展过程中不断调整，在宏观的层面上进行规制政策的改革以适应产业的发展进程，呈现出不断与时俱进的产业特征。2000年，国家广播电影电视总局发布了《关于广播电影电视集团化发展的试行工作的原则意见》，提及广播电影电视产业应该考虑到市场经济因素，推动我国广播电视业进入集团化发展新阶段，政府在广播电视集团化过程中调整原来的政治格局和规制手段，使政府政策和体制为经济发展而服务，体现出我国政府规制政策随着产业发展的与时俱进特征。2003年，国家广播电影电视总局发布了《关于促进广播影视产业发展的意见》（以下简称《意见》），该文件明确提出："持续增加广播影视市场的开放程度，并持续降低市场准入的标准，能够吸引并支持全球不同类型资本积极参与到广播影视产业发展进程之中"。《意见》表明，我国政府的规制政策随着广播电视业的发展进行更加开放的调整，重视不断提高广播影视产业的社会化程度。除此之外，在2021年3月16日，国家广播电视总局正式对广播电视业的政府规制落实在法律层面上进行有益的尝试，发布《中华人民共和国广播电视法（征求意见稿）》，提出国家建立节目创新创作扶持制度、广告播放管理制度等，明确节目主创人员的酬劳标准和配置比例应当符合规定。这是我国广播电视在法律手段上的突破进展，也是持续贯彻党的十九届五中全会精神、加快广播电视产业高水平创新性发展的关键办法。

广播电视产业化经营的特点如下。

①有丰富的产业经营资源。广播电视拥有有线传输、无线传输、IPTV传输、车载直播、手机客户端等多种传输覆盖网络，有丰富的频率资源和完善的节目系统，具备发展产业得天独厚的优势。在内容资源方面有强大的竞争力，在过去发展中建立起来的信息网络成熟、密集，非常有利于第一手消息的获得。在内容服务方面，广播电视传媒系统拥有多年积累下来的音频资料，这些内容经过整理可以形成一个开放的素材库，把资料变成资源，实现有偿使用，让其产生价值。还有一个方面的优势，是广播电视传媒长期以来在受众心目中形成的公信力和品牌效应以及国家对文化市场的保护政策和扶持力度等。

②有充裕的市场需求主体。我国人口众多，受年龄结构等方面因素的影响，尽管受众获取新闻资讯的渠道较多，但广播电视依然是受众最广泛的传播媒体，已成为人们精神文化生活的主要空间，广大人民群众对广播电视的文化需求呈现多层次、多形式、多样性的特点。

③有良好的工作基础。一是拥有一套行之有效的改革措施，顺应文化体制改革大潮，优化资源配置，激活运行机制，增强综合实力，为广播电视产业发展奠定了基础。二是拥有广泛的人才储备。经过长期的培养和人才引进，广播电视媒体在节目生产、技术保障、运营管理、产业发展等方面都有一批骨干，加之近年来引进的新媒体运营管理团队，已经具备了产业发展的后发优势。三是拥有不菲的综合效益。广播电视媒体经过多年的品牌战略和对传统经营理念的扬弃与改良，取得了不俗的业绩，社会效益和经济效益都取得了长足发展。

三、公共服务属性

(一) 公共服务

公共服务通常是指为了满足公共部门的需求，由公共部门或私营组织提供劳动产品的活动。不同于私人服务，公共服务以公平为主要目标，公共服务的核心宗旨是满足社会群众的公共需求，提供必要的公共产品。而其提供者并不单单是政府公共管理部门，还包括其他可以承担相应成本、为公共产品能够提供资金来源的主体。换言之，公共服务就是公共部门与其他可以提供公共服务、满足社会需求、提供公共产品部门的行为的总称。对于服务型政府来说，公共服务是与经济调控、市场监管、社会管理并行的政府职能，政府的目的和功能是满足社会需求，社会公共需求决定着政府活动的范围。

目前常见的公共服务主要分为三种类型：①维护性公共服务。这种类型的公共服务是为了保证国家机器的存在和正常运作的公共服务，如政府的一般行政管理、法律与司法、国防等。②经济性公共服务，主要是指政府促进经济发展的公共服务，通常是生产性的，如政府对公共项目和国有企业的股本投资、对产业活动提供的价格补贴、应用性研究资金投入、政府对固定资产的投资等。③社会性公共服务，即政府提供的社会性服务，如文化教育、社会保障和福利性收入转移支付等，社会性公共服务具有公民权利的性质，并具有较强烈的再分配功能，对平等目标的关注在社会性支出的分配中居于重要地位。

根据我国现在实行的经济体制，我国的公共服务应更多地体现广大人民群众的根本利益，更多地体现出公平与效率相统一的特征。具体来说，我国的公共服务基本原则主要包括五个方面的内容：①公益性原则。公益性原则是公共服务的本质要求。公共服务必须以公益性为优先追求，而不能以私利目标来损害公益性。在一定条件下，应该保证免费的供给。②公平性原则。公平性体现着均等性，公共服务必须对所有公民平等开放，公民可以享受各种公共服务，同时公民在享受公共服务的过程中应该受到平等对待。③可及性原则。可及性原则，即能够体现便利性，公共服务应该让人们可便利获取，在消费能力上可以承担。也就是说，在一般条件下，社会上的公众可以根据自己的意向和条件获取公共服务。④基本型原则。一方面，公共服务是政府满足人民群众公共需求的唯一方式，是政府的基本职能；另一方面，公共产品是分层次的，有的免费提供，有的则需要收取一定的费用，而基本服务必须由政府无偿提供。⑤合作性原则。公共服务不

第二章　广播电视艺术概述

仅关系到国家的发展和社会的进步，也与人民群众的个人生活密切相关。因此，建立一个公共服务成本由国家、社会和个人合理分担的机制，将国家主导、社会互助、个人责任有机结合起来，既发挥国家在公共服务中的主导作用和主体责任，又发挥社会互助互通和个人的积极性，处理公共问题，关键就是通过公共部门与准公共部门的合作，共同满足社会需求，提供公共产品与公共服务，处理社会公共事务，从而达到良好的治理目标。

(二) 广播电视的公共服务属性

广播电视公共服务是政府部门和有关社会组织为满足群众对广播电视的公共需求而提供相关产品的服务行为的总称，其目的是通过广播电视地区的覆盖、广播电视的放映，使群众听到好的广播节目、看到好的电视节目，为他们提供社会和政策信息、生产生活信息、文化教育和文化娱乐服务等，满足其基本文化需求和信息需求，保障和实现其基本文化权利。广播电视公共服务为了满足群众对于公共产品的需要和公共需求，是保证公共服务供给的前提和根本保证，提供主体则是广播电视系统。

广播电视公共服务主要涵盖以下六个具体方面：一是可以提供服务的主体，主要是广播电视的组织机构，如广播电视管理部门、广播电视基础服务运维机构、广播电视监测机构、安全调度机构、传媒股份有限公司、广播电视研究所等；二是广播电视基础设施和技术，主要是无线、有线和卫星等传输覆盖网络，包括广播电视的基础传输覆盖设施，以及与之相配套的技术及监测监听设施；三是广播电视管理和技术人才以及培训制度，包括可以对广播电视整体规划设计的管理人才和专业化程度较高、技术能力较强的技术人才，以及常态化的系统培训制度；四是内容服务的供给主体，即供给主体可提供视听的频率频道和电影节目内容；五是与广播电视部门有关的法律法规完善以及行政执法和普法宣传的法治，即广播电视部门为保证广播电视公共服务所制定的相关政策及法律法规；六是广播电视服务实际效果的反馈和监督以及数据分析，主要是反馈广播电视公共服务可以正常运转以及调查群众对于广播电视公共服务满意度的监督评测分析。

广播电视公共服务体系顶层设计决定底层实践的定位走向和资源配置。广播电视公共服务体系建设的显著态势是顶层设计战略定位再次提升，公共服务和公共文化服务的政策进一步创新。广播电视公共服务的理念和设计充分体现新时代要求，明确广播电视公共服务除了过去强调的基本公共服务外，还明确了广播电视普惠性非基本公共服务的建设与发展，引导相关行业规范可持续发展。广播电视公共服务建设的着力点,一是提升广播电视公共服务的节目品质,丰富服务内容,拓展新技术应用后的新形态广播电视服务边界;二是创新信息技术,拓展广播电视公共服务的范围,为公共服务增加新的形态和方式;三是提升均等化水平,缩小区域基本公共服务差距,提高特殊类型地区基本公共服务供给水平;四是推动智慧广播电视与光电公共服务的融合,优质内容实现规模化产出,极大丰富人民群众的"文化主食",促使高清超高清电视加快发展,促使基本公共服务和普惠性非基本公共服务共同发展。

广播电视重点惠民工程建设以重点项目补齐短板,促进区域平衡和城乡均等,推动全面发展是广播电视公共服务建设的基本方针。广播电视公共服务完善国家应急广播体系,智慧广播电视周边工程全线启动,智慧广播电视乡村(城镇)工程积极行动,推进城乡公共服务一体化建设,推动广播电视直播卫星公共服务智慧升级,这些重点广播电视工程赋能公共服务,提高了质量,丰富了产品,优化了体验,拓展了场景,提高了广播电视对国家战略的支撑能力。

四、自我调整属性

纵观我国广播电视业的发展进程,对于中国的广播电视媒介来说,无论是集团化发展、三网融合,还是制播分离、产权分离等,都离不开政府的规制。如果我国政府不对广播电视业进行调整与改革,广播电视业的其他改革也会无法推进甚至徒有表象,无法实现根本上的突破。因此,我国政府在深刻认识到规制改革的紧迫性与必要性的同时,需要不断挖掘新思路,在充分优化市场资源配置的同时进行改革思路和实践的突破。自中华人民共和国成立以来,产生了和国家计划经济体制相匹配的完全行政控制手段,之后我国经济体制经历了自计划经济体制至市场经济体制的转变,广播电视业的主体也开始着眼于相应的经济目标以及文化目标。在具体规制政策上,内容方面与计划经济时期相比大幅放松,广播电视业能够突出其事业单位和企业化管理的具体特性,规制政策呈现出加强规制政策内容衔接、拓宽规制领域、注重多部门协同规范治理的趋势。在内容方面,除传统的内容审核、播出管理、制作管理之外,增加了行业税收秩序规范、区块链信息服务管理规范以及广告专项整治的新内容;在广播电视节目的发行领域,从无偿的"物物交换"到优质作品可以进行交易的完全市场化;在对外融资方面,从禁止到放松对经营性资产的资本运作,重视对外融资并实现平稳发展;在广播电视台的制度管理方面,从广播电视台的无序竞争到为了提高收益和降低成本探索"制播分离""产权分离",推动集团化改革等。互联网媒介技术的冲击也使得我国广播电视业要向"党委领导、政府管理、广播电视企业履责、社会监督、受众自律等多主体参与"的多层次规制格局发展,创新的规制政策工具的选择与执行对广播电视业的发展实现规范化和可持续化也十分重要。当前我国的国家安全问题也呈现出更加复杂的局面,要对包括意识形态安全在内的国家安全保障问题进行全局性的考虑,因此增强我国广播电视媒介的意识形态主导力及舆论影响力、创新规制体制与政策不是一蹴而就的。

综上可知,我国广播电视的发展是一条不断自我完善的发展道路,在不断地深入探究我国广播电视业的市场资源、发展目标和前进方向的前提下,有着渐进性的自我调整与改革的发展特征。

五、文化传播属性

广播电视可以称得上是大众文化传播的重要媒介之一,不仅具有社会功能,进行着广播电视文化和信息的传播,同时还具有一定的社会责任,始终向大众传达着正确的文化价值理念。因此,广播电视在文化传播中起到了十分重要且不可替代的作用。它利用形象生动的画面和音响,通过视听结合的方式将文化之苗不知不觉地种植于受众的思想意识中,而其延伸业务——广播电视会展,不仅沿袭了广播电视的视听方式,同时丰富了传播媒介,同样具有广播电视文化传播作用,看似是大众娱乐的产物,实则体现着广播电视文化传播的本质。

广播电视会展从一出现便起到了广播电视文化载体的作用。从内容上分析,广播电视会展所展出和交流的内容是以广播电视业为基础的,对一个时期内的所有广播电视影视作品、最新的行业相关趋势、前沿的广播电视展播技术等广播电视文化信息集中地进行交流和展出,将一个时期内的广播电视事业发展现状浓缩在为期一周左右的时间内进行展览。除此之外,广播电视会展传播者会引导观众参与到传播过程中,观众的体验、接收、传播等一系列动作同时进行。

广播电视会展将广播电视文化再一次呈现在大众面前。从意义上分析,电力技术的发展,使得观众每天接受的信息量变得越来越庞大,新的广播电视作品不断出现,具有价值的广播电视作品所产生的社会性话题也在被新的话题不断更新,有内涵的影视作品在大众视野内的持续时间越来越短。广播电视会展是解决这一问题的有效方法之一,广播电视会展通过专业的评审机构将优秀的广播电视作品再一次呈现到大众的面前,在一定时间内进行广播电视文化和信息的二次传播,不仅有利于广播电视作品价值的发挥,同时可以促进广播电视事业的整体发展。

广播电视会展可以称为满载广播电视文化的盛宴。从效果上分析，广播电视会展在短时间内聚集了大量的观众和用户，不仅具有文化传播的作用，同时带来了娱乐和交易的盛宴。广播电视会展为观众和演员、参展方和买家、电视台和其他影视机构构建了一个多方直接交流沟通的平台，缩短了广播电视文化传播的路径，扩大了广播电视文化传播的范围。不论从哪个方面进行研究，广播电视会展均为广播电视事业服务，始终起到传播广播电视文化的作用。

从传播学的角度来看，广播电视作品的创作者、广播电视会展的组织者、参展商等多种身份均起到传播者的作用，他们以广播电视会展活动为传播媒介，将文化价值理念和信息传播给参展观众以及广大受众。虽然广播电视会展具有广播电视文化传播的本质，然而在分析其传播模式时，却不能仅仅将广播电视会展活动归拢为传播媒介，其媒介的弹性是不容忽视的。互联网至上的当下，我们必须要理解媒介、掌握媒介，才能更好地使用媒介，因此还是需要从媒介理论出发，更加透彻地掌握广播电视会展的广播电视文化传播本质。

广播电视作为文化传播的重要媒介之一，通过广播电视作品不断输出有价值的文化和世界观，而广播电视会展的出现则会进一步促进广播电视作品文化的输出。通过媒介理论研究广播电视事业的延伸业务——广播电视会展的文化传播模式，分析其文化传播效果，不仅有助于优化广播电视文化传播新模式，同时还可以帮助广播电视主创进行作品创新。

第三节 广播电视艺术的功能

一、信息传播功能

广播电视艺术以其快捷的方式传递着海量的信息，以各种形式的信息包围着现代人，是当今世界最具活力、最强势的传播媒体，也是最有优势的大众传播媒介。广播电视作为相对覆盖面最为广泛的大众媒体，既是告知者、有效率的教师、主要的说服者，还是很好的娱乐提供者。广播电视艺术传播，就是通过广播和电视媒体传送各种信息给受众；任何人只要拥有适当的接收器，而且位于接收范围之内，都可以接收到它传输的信息。

广播电视的信息传播功能是其他媒介手段无法比拟的。信息传输的迅捷性和广泛性，使人们不知不觉中从"读写时代"步入"视听时代"。在信息技术快速发展的今天，广播电视艺术交互的种类在不断增多，互动效果也得到很大优化。媒体的交互性是对于传播效果影响极大的一个因素。单向媒体是不具备交互功能的媒体，只能提供由传播者到接受者的单一方向的信息；受者只能被动地接受信息，无法做出反馈和响应。这样就难以判断传播是否成功地发生了，是否在顺利进行，当然传播者也不知道接受者在哪些方面有困难和疑问，会影响重要的资讯传递。

在信息化飞速发展的今天，人们对广播电视艺术信息的需求从数量到深度都在空前增加。这就要求传播者为受众提供更加丰富、更加专业的审美内容。传播者要帮助受众整合来自各方面的信息，为受众提供专业化的、有深度的艺术形式，给受众展示多方面的思想情趣，在多样化的艺术表达中给受众以科学思考的空间和宣泄情感的通道。这不仅体现了受众的知情权，也体现了受众的话语权，更体现了信息多元化的受众需求。

随着市场经济的高速发展，人民生活水平的不断提高，全社会表现出日益高涨的对文化、信息的需求，且需求规模巨大、数量惊人，而且多层次、多方位、多类别，特别是对丰富多彩的广播电视艺术文化（满足生理感官上的休养与愉悦，直至探寻复杂微妙的精神世界）的需求日益高涨，人们也越来越注重娱乐、休闲和自我价值的实现。人们不仅关注事件的过程，而且更要窥视其中人性的道德、情感、欲望等心理因素。广播电视艺术的声画俱全、视听兼备、直观可感、细节生动和表现形式多样化的优势，淋漓尽致地满足着受众的亲历欲、共时体验欲等。当然，在媒介技术保证的基础上，人的想象力和创造性是广播电视艺术得以实现的重要条件。

二、宣传功能

作为最早兴起的一种具有强烈广告效应的媒介，广播具备强大的宣传功能。因此，广播在各国政治、经济、社会、文化生活中的作用巨大。广播有通过无线电波传送节目的无线广播以及通过导线传送节目的有线广播，有仅仅传送声音的声音广播以及传送声音、图像的电视广播（电视）。广播电视传播信息的时效性和广泛性超过其他任何大众传媒。虽然早期的广播存在稍纵即逝、需要按顺序收听收看、接收装置价格较高等缺陷，但是自20世纪初电视出现以来，它强大的信息传播功能、宣传功能，使各个国家和地区都争先恐后地发展广播电视事业，导致全球的广播电视陷入急剧扩张的状态。

1958年5月1日，中国第一家电视台"北京电视台"（后来的中央电视台）

首播；一个多月以后，中国第一部电视剧《一口菜饼子》播出。从一开始，中国早期的电视剧创作者就尝试用一种戏剧化的形态来阐释国家政策和理念，电视剧和其他广播电视艺术形式都是利用电子媒介进行宣传的重要手段。宣传功能得到有关部门的高度重视，长期作为首要功能甚至是唯一值得重视的功能。

广播电视事业作为文化建设的重要组成部分，是人民群众接受文化、欣赏文化，取得信息、利用信息最重要和最广泛的一个领域，其发展水平在某种程度上决定了文化建设的状况，决定着社会改革发展稳定的状况。广播电视艺术是宣传属性、意识形态属性很强的文化产品，创造经济效益使得它可以扩大再生产；在建设中国特色社会主义的前提下，广播电视艺术必须追求两个效益和两种属性，必须跨越巨大的矛盾和挑战去寻求特殊的生存路径。喉舌功能与产业属性兼具的中国广播电视艺术，一直渴望不断做大做强，希望经济提升的同时建设中国特色的文化形象和环境。所以，即使是广播电视艺术节目，也总是负载及时充分、广泛深入地宣传中国特色社会主义的新思路、新举措、新进展、新成就的任务，对民族伟大复兴负有重要责任。人民群众是全面建成小康社会的实施主体，是国家民族的永恒活力所在，在物质文明、政治文明、精神文明的协调发展中起着不可替代的作用。广播电视艺术层层环绕受众的"信息环境"，潜移默化而强有力地间接引导着舆论和大众。

广播电视艺术的宣传功能体现在以舆论引导者为主导，以传播媒介为中心，结合引导内容组合而成的舆论引导要素上，这些要素主要包括策划传播路径、把握引导方向、顺势调整议题等内容。传播策划是内容有效传播的必经途径，引导者必须以传播媒介为中心，通过积极地策划将相关引导要素有机结合起来，才能牢牢把握舆论的引导方向，为内容的传播开辟有效路径。舆论引导论认为，对于议题的传播研究不局限于大众传播媒介或新闻机构中，立法机构或其他公共关系部门的政策议程、政治宣传中的竞争性议程、现代社会中大量存在的各类组织议程、商业新闻议程以及各类文化议程等都属于传播策划的研究范畴。该理论把各类议程归结为三种类型：媒介议程、公共议程和政策议程。

广播电视的策划传播也主要依靠传统主流媒体、新闻网站、网民舆论场、网络意见领袖、自媒体等五种渠道来实施。对不同的传播渠道积极策划才能综合发挥各自传播媒介的舆论引导作用。媒体必须处理和引导好社会公共利益，及时准确发布信息，通过一些宣传活动策划来促成其所希望的舆论，有效防止各种道德审判对正确方向的干扰。舆论引导者必须牢牢把握舆论的引导方向，达到和实现引导的目的。因为舆论是对群体意见的自然表达，所以舆论不可能完全避免群体意见的非理性，舆论的变化发展在程度上是被动的，不稳定和多变是现代舆论的表面特征。

三、文化娱乐功能

文化娱乐是人们最早赋予广播电视的社会功能。在广播电视发展的历程中，娱乐性节目始终是广播电视节目构成中所占比例最大的节目。随着社会的发展，人们劳动强度的降低，人们的休闲时间越来越多，文化要求越来越丰富，广播电视的娱乐节目有着越来越大的社会需求和发展空间。

作为大众文化的有效构造者和主要承载者，广播电视也具有明显的娱乐性本质特征。在发挥娱乐性方面，广播电视有其天然的优势。首先，广播电视是一种视听媒介，信息可以通过具象化的声音或者图像传递给受众，而无论是具有感染力的声音还是富有视觉冲击力的画面，又都能极大地调动起受众的感官功能。从某种意义上说，广播电视就是一种感官文化，它以最直接、最感性的方式给人们带去精神上的愉悦。其次，广播电视具有良好的兼容性，能够将音乐、舞蹈、绘画、文学、戏剧、电影等一切艺术形式兼容并蓄，并通过一种通俗化、娱乐化的语言形式表现出来，以赏心悦目的画面或富于感染力的声音给受众带来审美享受和感官、情绪上的愉悦。最后，在这个众声喧嚣、权威不再的时代，娱乐消遣以其不可抗拒的诱惑渗透到人们的日常生活中，追求娱乐成为一件极为自然的事情。在此背景下，广播尤其是电视媒体，更是将官能刺激以及娱乐功能放在一个前所未有的重要位置。

在广播电视中，几乎可以找到所有的艺术门类和艺术样式，从传统到现代，从艺术经典到文化快餐，从阳春白雪到下里巴人，可谓雅俗共赏，应有尽有。我国土地辽阔，人口众多，许多地方经济不发达，民众的文化生活依然贫乏，广播电视因其覆盖面广、群众性强的特点，一直是民众最可信赖的生活伴侣，看电视、听广播是民众业余时间主要的娱乐活动。娱乐作为一种文化现象和意识形态密不可分，社会的思想、观念、科学、道德、政治、法律、宗教、价值标准和行为规范等都可以通过艺术的、文化的形式在娱乐中折射出来。不管是什么社会，占主流地位的艺术创作都是精心炮制的，宣传占统治地位的价值标准和行为规范的作品。在商业运作的机制中，娱乐又不可避免地成为盈利的工具，在商业化操作带来的繁荣景象中，亦不乏忽视文化品位，甚至反文化的商业化作品。广播电视的娱乐节目也不例外，广播电视传播对社会文化、人类生活方式等产生着广泛而深刻的影响。

广播电视艺术形式多样、丰富多彩。无论是综艺节目还是电视专题片、纪录片、电视剧等，都具有鲜明的大众娱乐功能。与市场经济伴随的往往是多元并存的大众市民文化，而且以休闲消费文化为特征。娱乐是其本位，当代中国广播电视艺术已然融入大众市民文化的建设中。其打破神圣等级、鼓励自我参与、受众与媒体共娱共乐的存在方式，其表演求真实、有程式却生活化、共时性交流的特点，给广大受众留下了深刻的印象。

广播电视艺术的娱乐功能，不仅表现为具有丰富多彩的节目样式，也表现为具有风格迥异、个性鲜明的节目主持人。电视节目主持人最早出现在20世纪50年代初美国电视新闻节目中，从美国迅速推广到世界各国。作为电视文艺传播者，主持人利用电视传播的一大特点——现场感，尽力吸引受众。今天，广播电视文艺节目在中国迅速扩张，受到大众的广泛欢迎，电视文艺传播者（主持人）的文化修养显得格外重要。主持人对社会、人生、哲学的感悟和理解，用适当的方式将其有效传递给广大受众，直接关系到广播电视文艺节目的存在价值。有力度、有意味、有品格的电视文艺作品，凝聚着主持人平常对社会生活的观察、体验、分析、思考，是其长期文化积累、文化思考、社会思考的结果和体现。

第四节 广播电视传播的构成

一、广播电视传播符号

（一）语言符号

语言符号是人类最伟大的象征，它在人的思想活动中扮演着举足轻重的角色。语言学家曾经提出过一种假设：语言是对"现状"的指引，也就是说语言具有支配我们思考社会问题及过程的能力。人不只在客观世界中生存，也不是单独存在于我们熟悉的社会生活中，而是受到某一特定语言的影响，这种语言已成为代替那个社会发言的媒介。在特定的社会、文化背景下，大部分语言符号都能对社会发展变化的信息进行及时反馈，赋予广播电视传播以时代气息。

1. 口头语言

口头语言是广播电视共有的语言符号。口头语言和书面语言是语言的两种具体形式，这两种语言相辅相成、互相渗透。广播电视共有的语言符号是人声语言符号，即口头语言。口语的优势是传播灵活、速度快、反馈快，沟通的吸引力大，但受时空条件的制约。在广播电视的口头语言中，播音语言和现场语言是两个重要的方面。

（1）播音语言

广播电视中最常见的口头语言主要有播音员、主持人的有声语言，节目的解说语言等。播音语言是广播电视节目传播的重要媒介，因而播音语言需要讲究规范性、庄重性、鼓动性以及时代感、亲切感、分寸感。

（2）现场语言

现场语言是广播电视中另一种常见的口头语言。记者的现场报道语言、现场采访语言、现场人物的说话都属于现场语言，概括来说，只要是现场由人发出的声音都属于现场语言。

2. 文字语言

文字语言是电视特有的语言符号。由于电视具有声画结合的特点，因此除了与广播相同的口头语言符号之外，电视还具有文字语言符号，这是广播不具备的。文字语言比口头语言更精确化、更条理化，有利于信息的长期储存，也有助于观众的思考。这种文字语言符号主要有屏幕文字和画内文字两种。

（1）屏幕文字

屏幕文字是由电视制作者后期加上去的，它不属于拍摄画面的一部分，但是属于屏幕画面的一部分。屏幕文字往往为解说词、人物话语词以及注释词等，如记录中的解说词、电影中的人物话语词、新闻中对记者身份的注释词等。

（2）画内文字

画内文字是指拍摄画面本身具有的文字，文字是本就存在于画面所属场景中的，如画面中的道路牌、广告牌或者房间中的书画等的文字。

（二）非语言符号

1. 广播电视共有的非语言符号

音乐音响是广播电视共有的非语言符号。音乐和音响都是非语言符号，在广播和电视的传播中都具有音乐和音响。

（1）音乐

音乐是以旋律和节奏为手段，通过塑造艺术形象来反映现实的一种社会意识形态。在广播电视的声音传播中，它是作为节目音乐来串联节目、丰富广播电视声音的一种表现手段。①标志音乐。标志音乐专指电台、电视台的标志音乐，如节目、栏目的开始曲、结束曲。②间隔音乐。间隔音乐是指节目或栏目之间的音乐，适用于调节和过渡的需要，有时也可作为节目准点播出的填空。③描述音乐。它可以深化主题、烘托气氛、渲染情绪。④特技音乐。这是运用现代电声设备所加工制作出来的，为特殊题材节目设计的音乐。

（2）广播电视音乐的作用

音乐的作用在于陶冶性情、怡神悦耳、培养高尚的情操趣味、提高审美能力。其主要功能表现为以下几个方面：①组成广播电视中的文艺性节目；②与语言、音响有机组合，丰富广播电视节目的内容和形式，渲染情绪，烘托气氛；③充当广播电视台和节目的标志；④作为节目内容的间隔或过渡，调整节目节奏，活跃节目的连接。

（3）音响

音响是自然界和社会生活中客观存在的声音，基本上是非语言符号。广播电视中的音响指的是被报道的人物、事物及其所处环境中发出的各种声音，如前面说到的汽车喇叭声、动物的叫声、音乐声、车轮声、风雨雷电声等。

人们的传播观念越来越趋向于真实、自然、平等，人们对广播电视的音响也越来越重视。比如，国外广播界就提出"声音的建筑学"这一概念，我国的报道也已经十分注重使用同期声，把话筒交给采访对象，充分发挥出音响表情达意、传播信息的特有功能。

（4）音响的作用

①提高报道的真实性。音响能直接再现所报道的事件发生的细节与过程，能更生动、更形象地反映出特定环境和特定的气氛。现场实况音响能给人以多方位的主体感。人的感觉器官之间是可以相互沟通的。广播虽然无法让人看到实地的场景，但是节目中的音响也可以使听众通过听觉联想产生一种身临其境的直感效果。

②增强报道的说服力。现场的音响具有实证性，它比文字的内容更直接、自然、可信。通过现场的音响直接向听众传达新闻事实，能较好地把事情的经过和本来面目传达给听众。广播电视音响作用于听众的感官，能提高报道的真实可信度。例如，报道古代乐器编钟出土，表明其功能完好时，放一段用它演奏的音乐，无疑能大大增强报道的说服力。

③增强广播电视的感染力。音响有其具体的效果，它能够表现特定的时间或空间，烘托环境，刻画人物形象和心理。听众可以从音响中感受或联想到相关的事物。在新闻报道中可以把现场的气氛、人物的情绪直接传达给听众，使听众受到感染，产生情感的共鸣。

④构成音响蒙太奇。音响效果的提示功能可以起到组接时空、巧妙构思的作用。例如,在叙述中,用"蝉鸣"提示是夏天,用"鸡鸣"表现农村的清晨,将两种声音融合在一起就可唤起听众对农村夏天清晨的感觉。

2. 电视传播的其他非语言符号

除了音乐和音响之外,电视传播中的非语言符号的构成还包括造型语言。造型语言大致可分为形体语言、表情语言、服饰语言、色彩语言、空间语言和图表语言等,它们构成电视传播的画面主要元素。电视画面是传播信息的主要语言,通过画面表述、证实事实,满足人们"百闻不如一见"的信息欲求。同时由于画面在形体、色彩、表情、空间等要素中赋予了充足的信息细节,因此使非语言符号在电视传播中占有重要地位。

(1) 景别

景别是一个二维空间概念,主要指由于摄影机与被摄主体(可以是人、物或者环境)之间距离的远近而造成的被摄主体在画面内大小的变化,是一种位置与空间的关系。根据成年人在画面中所占位置的大小,景别可以划分为大远景、远景、全景、中景、近景以及特写。

(2) 构图

在广播电视中,构图是表现影视作品内容的重要途径,它把被摄主体与光线、线条、色彩等视觉元素有机地组织、分布并整合在一起,力求在突出重点的前提下实现画面的视觉美感,并表现出一定的内容与情感。摄影构图实际上是创作者对被摄主体的选择与空间重构的过程。一幅画面通常由主体与陪体、前景与背景以及空白组成,画面构图就是要将这几个要素合理地组合在一定的画面空间内。

(3) 色彩

色彩是构成电视图像语言的重要视觉元素。色彩的变换可以表现内容情节的起伏、人物情绪的变化,增强画面的真实感与视觉表现力。不同的色彩有其特定的情感表现力,这是经过人类长期的生活经验而约定俗成的。一般来说,暖色调(红、橙、黄、绿)能给人以积极进取的感觉,冷色调(淡绿、青蓝、蓝紫)则带有消极、被动的情感。

虽然色彩的表现力及其象征寓意具有一定的共性,但由于个人生理直觉生活经验以及民族文化的不同,人们对于色彩的理解也会存在一定的差异。例如,黄色在西方社会有警示的作用,而在中国则是尊贵与皇权的象征。

（4）光线

光线是电子媒介图像生成的前提条件，没有光就不可能形成荧幕上的影像。影视作品里的光已经远远超出了照明的含义，它不仅是摄影艺术的灵魂，也是表达情绪、营造氛围的重要手段。一般而言，强光能够造成明朗、乐观、宏伟等情绪效果，暗光能造成悲哀、阴森、恐怖、危险等情绪效果；软调常用于表现回忆的、童话的、诗情画意的、浪漫色彩等题材内容，而中间调则富有安宁、温和的含义，宜于表现严谨、庄重的题材内容。不同的光线性质、光源位置、光线角度塑造同一物体，会使物体表现出不同的特性。例如，用正面光作为主光源，物体的成像清晰，但立体感差，缺少画面的纵深感；用侧面光作为主光源，物体会出现从明到暗的光影变化，能体现物体表面凹凸的层次，也能表现人物毛发、皮肤的质感；用逆光作为主光源，人物的面部难以清晰呈现，在新闻采访中常用来保护被采访者不被暴露在镜头前。

作为电视画面语言的构成元素，光线与色彩的重要性不言而喻，但值得注意的是，新闻摄影或者纪实性的纪录片摄影通常并不苛求色彩与光影的完美造型。新闻最重要的是时效性，纪录片最重要的是真实性，因此有时为了抢拍新闻或者真实地记录历史场景，拍摄时不会过分追求色彩与光影的效果。

（5）图表与图片

图表与图片常常被用作画面内容的辅助手段与补充材料而出现在电视作品中。图表主要用于表现一些抽象复杂的内容，如气象云图、统计图表等。图片则主要被用于一些没有影像资料的叙事中。此外，电视作品中有时也会出现动画或特技效果等形象化的表现手段来丰富画面信息，增强视觉冲击力。

（6）运动镜头

运动镜头是通过改变摄像机机位、拍摄方向或变化镜头焦距所拍摄的镜头。在电视摄影中，根据镜头焦距的长短，可以分为短焦镜头、中焦镜头和长焦镜头。焦距长度不同，镜头所产生的视觉效果也不同。一般来说，焦距越长，视角范围越小，画面清晰的范围越小，背景越虚化；焦距越短，视角范围越大，画面背景越真实。

（7）角度

角度是影像语言的一种重要表现手段，指镜头拍摄时的"视点"，是摄像机以一定的角度记录场景或物体的拍摄方式。根据摄像机与被摄主体在垂直空间的位置关系，拍摄的角度可以分为俯瞰、俯拍、平拍与仰拍几种，运用不同角度所拍摄的画面，其内容的侧重点与表现力也有所不同。

二、广播电视传播内容

（一）大众文化

大众文化被认为是满足人们日常生活需要的、各式各样的世俗文化，将其理解成社会大众的生活方式，肯定了大众文化的积极进步意义。实际上，通俗视角下的大众文化存在的合理性正是在于社会大众世俗生活的现实需要，即社会大众离不开世俗生活，而通俗易懂的大众文化正是该世俗生活的直接体现。当代的大众文化则更多的是作为一种现代化社会的生活方式而存在的，体现了当代中国改革开放的历史进程。需要着重指出的是，当代中国大众文化不仅取得了商业上的巨大成功，还极大地推进了社会现代化进程的发展，成为推动社会变革的重要力量。

法兰克福学派出于对制度进行批判的考虑，提出了"文化工业"的概念，并用该概念代替了"大众文化"。伯明翰学派则认为大众文化是社会大众的文化创造和表达方式，应更多地从大众媒体传播的角度对资本主义世界社会大众的通俗流行文化进行阐释。相比较而言，我国在改革开放以前并不具备类似于西方社会的经济条件和媒介发展水平。改革开放后，随着我国社会经济的发展进步，强调政治宣传的人民群众和群众文化逐渐被强调社会生活的大众和大众文化代替。学者从20世纪80年代后期开始借鉴法兰克福学派、伯明翰学派和后现代主义的理论观点，从文化批判、生活审美、文化现象、文化产业等多个角度研究大众文化。

由此可见，在当代中国的大众文化是指建立在改革开放基础上的，通过大众媒体反映社会大众现实生活的文化观念及文化形态。大众文化的普遍性、娱乐性、消费性、流行性等属性在文化产业发展历程中起到了重要的作用。大众文化的发展变化也对文化产业的发展变化提出了规范性、适应性的要求。所以，广播电视产业需要进一步探讨大众文化的发展变化对文化产业的影响，以及广播电视作为大众传媒在传播大众文化方面所起到的作用。

大众文化流行是传统广播电视立体模式建立的重要关注点，要形成线性双向渠道。具体集中表现在特定频率和发布受众传播上，以单向被动接受转变为双向互动方式，以反馈信息为内容调整、频率调整、渠道调整的基线，使得公共文化服务让受众群体有参与感，更加主动积极参与其中；其次，大众文化发展使得个性化行为越发明显，因此在各社交及信息平台上，个人观点和群体观点均得到了较好的融合，但个人隐私性受到了影响，内容参差不齐也导致碎片化的无效性。广播电视由于具备天生的权威性和公共文化服务特性，在进行文化融合时更容易受到大众的喜爱，如新闻观察类公共文化服务内容，大众参与积极程度高，且在互动上多以良性互动为主，能够很好地弘扬社会主义核心价值观，真正达到为大众公共文化服务的目的。

（二）社会文化

每个人都生活在社会中，在这个大圈子内，个体不可能独立存在，而是要融入社会整体中，并与其他人产生互动。在这样的情况下，要想使自己的日常生活更加合理有序地进行，并更好地与他人进行交流沟通，就必须充分了解自身所处的环境，这就需要不断接收来自各方的信息资讯以服务日常生活。

作为社会文化载体的广播电视，其传播内容主要是与人们日常生活息息相关的政治、经济以及生活服务类资讯。通过对这些信息进行传递，传播者可以或直接或间接地传达某种思想或者观念，从而对受众的人生观、价值观等产生潜移默化的影响。

①政治与广播电视。政治环境构成了广播电视发展与生存的外部空间，政治题材又是广播电视传播的重要内容，因此广播电视与政治之间有着不可隔断的联系。

②经济与广播电视。在市场经济日益发达的现代社会，人们迫切地需要了解各种经济信息以沟通产、供、销各个环节，从而促进投资与生产的发展。广播电视具有传播时效性强、传播范围广等优势，在推动经济信息的交流方面具有特殊作用。因此，经济题材也成为广播电视传播内容的重要组成部分，广播电视的经济类节目主要包括市场行情、投资状况、政府的经济决策以及经济理论知识与经济常识等内容。

③生活服务与广播电视。在信息时代，人们对信息尤其是贴近生活的服务类信息，如天气预报、出行指南、交通路况、法律咨询等的需求日益强烈。而满足受众的信息需求是广播电视的传播宗旨之一，因此各类与生活息息相关的服务资讯就成为广播电视的重要传播内容。

三、广播电视传输技术

广播电视传输技术存在有线传输和无线传输两种不同的方式，这两种方式的区别则是其传输介质的不同。在无线传输的方式中，一般采用电波信号的方式进行传输，其传输介质是空气，因此这种传输方式更加灵活，可以免除传输线路的架设，但是无线传输的方式也有一定的缺点，如传输容量不足、容易受干扰等。而有线传输的方式一般是采用传输电信号的方式或者传输光信号的方式，即介质既可以是导电金属，也可以是导光光纤；有线传输的缺点在于不够灵活，需要架设相应的有线线路；其优点则是传输质量高、传输数据量大，尤其是光纤传输的方式，近年来已经成为高速高质量数据传输的重点方式。

因此，广播电视传输的有线传输方式一般采用的是光纤进行电视直播信号的传输，这种利用光纤材料进行传输的方式能够有效地保证电视信号传输的效率，且因为光纤传输速度快，利用光信号进行数据传输，可以传输更大容量的数据，光纤传输可以传输质量更好的视频信号。利用光纤传输系统进行数据传输时，可以获得更好的传输效率，提高传输灵敏度，是一种非常理想的数字信号传输通道，为广播电视信号传输提供质量保证，这也是当前广播电视传输技术的热点内容。

（一）广播传输技术

广播电视传输网络的研究可以从广播信号传输层面和电视信号传输层面分别分析。在广播信号的传输层面，由于频率波段的不同，广播传输技术包含中波广播技术、短波广播技术以及调频广播技术三种。

1. 中波广播技术

中波广播技术的出现时间较早，在20世纪20年代开始正式使用，这也是人类早期研究出的供音频广播传输的专用频段，频段的范围大概在526.5～1606.5 KHz，在中波广播技术的频段范围内，划分为120个频道，频率最低的频道为53 KHz，频率最高的频道为1602 KHz。中波广播技术拥有两个服务区，包含地波服务区和天波服务区，其中地波服务区是指在地球表面范围内进行传播的一个较为稳定的覆盖区域，大致在上百千米范围内；而天波服务区则是电波在夜间被电离层反射回地面在较远的地方形成的服务区。中波广播技术存在一定的缺点，其中最大的缺点是声音质量较差，相比短波广播技术和调频广播技术而言要差不少，且频谱拥挤，可用频道只有120个，使节目数量受到严重限制。随着时代的发展，由于广播电台使用量的减少，属于广播无线传输技术中末位的中波广播技术已经逐渐退出历史舞台。

2. 短波广播技术

短波广播技术所处的频段范围在中波广播技术与调频广播技术频段之内，分布于5.95～26.1 MHz，传播距离最远，可以适用于长远距离的广播信号传输。

短波广播技术是国际上公认用于对国外广播的一个频段。但是短波广播技术的频段下载，频谱拥挤程度较中波广播技术更加严重，加上传输范围广、使用人群众多，造成传播不稳定的情况。短波广播技术也是20世纪使用较多的一种技术，到目前为止，也是国际上使用量稳定的一种技术，由于其作为国际公认的对外广播频段的地位，其使用的价值较中波广播技术较大。

3. 调频广播技术

调频广播技术是20世纪50年代出现的全新的声音传播技术，它是一个频段在87～108 MHz，拥有210个频道的传播技术。调频广播技术的优点在于传输质量较好，声音音质损失不大，可以做到高保真度广播；其另外一个优点则是其抗干扰能力较强，相比中波广播技术和短波广播技术而言，调频广播技术的系统信噪比高，广播声音收听质量高；除此之外，调频广播技术还拥有频道多的优点，可以满足基本广播需求。调频广播技术在现如今的使用依然较为广泛，尤其是在汽车广播领域。网络信息时代的发展导致网络技术的使用更为广泛，而广播技术与网络技术在使用频率之间存在着差异，但是在汽车广播领域，广播技术的使用仍然是最为频繁的，即汽车广播的应用以调频广播技术为主。

(二) 电视传输技术

电视传输技术主要可以分成三类，即无线传输技术、卫星传输技术和有线传输技术。

地面无线传输的方式是广播电视覆盖的最初手段，也是广播电视公共服务的基本手段，通过地面无线传输的方式，可以灵活地实现区域性广播电视信号的便捷运送。卫星传输技术是使用最广的一种技术，它是广播电视传输过程中不可或缺的一部分，在一段时间内，卫星传输技术也应用在个人家庭的电视信号传输上，但是随着时代的发展，这种应用在个人家庭电视信号传输的卫星电视技术逐渐被取代。有线传输是城镇居民接收电视节目的最主要的方式，有线传输的效率高，适合各种各样的广播电视信号的运送，例如，数据量巨大的4K信号传输，在4G、5G技术出现之前，如果使用地面无线传输的方式传输4K信号，显然传输带宽不够，传输数据的质量也很难保证，但是如果使用有线传输的方式，就可以做到传输数据带宽、传输速度以及传输稳定性的三重保证。

①无线传输技术。我国应用于广播电视传输层面的无线传输技术，包括微波中继技术和无线发射技术。微波中继技术具有宽频带的特点，因此微波传输的容量较大，且传输质量较高，抗干扰能力也较强，非常适合远距离通信。由于微

第二章 广播电视艺术概述

波中继技术是一种直线传输技术，因此在信号的传输过程中，应用了微波中继技术进行信号的中继，从而增强微波信号的强度，增加微波信号传输的距离，增强微波数据传输的信号稳定性。无线发射技术也是无线传输技术的重要组成部分之一，它利用无线信号发射机，将广播电视信号发射出去。无线发射技术占用的波段有两个，一个是米波波段，在 48.5～223 MHz，一共有 12 个频段；另一个是分米波波段，在 470～959 MHz，一共有 56 个频段。在分米波的 56 个频段中，第 13 个频段到第 48 个频段都是电视传输专用频段，第 49 个频段到第 68 个频段则是和其他相关业务公用的频段。在无线传输技术中，每个频段的带宽为 8 MHz。而无线发射技术中使用到的无线发射机有着明文规定的功率等级限制。由于电视信号传输为调幅调制，对于噪声的抵抗能力较低，消除干扰能力也较弱，因此一般情况下，用于电视信号发射的发射机功率比电视音频信号的发射功率高十倍，这样才能实现电视信号与电视音频信号的传递范围基本相同。随着科学技术的迅猛发展，广播电视发射技术也开始迅猛发展，占据我国电视接收行业数十年的电子管电视发射机，已经在科技进步中逐渐被速调管发射机、感应输出管发射机以及全固态发射机取代。再加上计算机技术的不断进步，其在电视发射机领域的应用也有很大的互通，可以实现电视信号无线发射机的状态自动监听以及监视，并实现广播电视信号的记录和数据的处理。随着电视发射机性能的增强，其效率和稳定性也在稳步提高，在未来，电视发射机系统将实现以"四遥"为主要特点的自动化工作。

②卫星传输技术。利用同步卫星进行广播电视信号的传输，在微型传输技术中，利用到了卫星广播电视系统。这种系统是指，在赤道上空 35 800 千米高度的大气层外发射一枚同步卫星，并在卫星上安装转发器和天线系统，通过将来自地面卫星上行站的广播电视信号进行转发，使其传输到地面，直接对地面大部分面积的区域进行广播电视信号的覆盖。卫星传输技术是一种新技术，自 20 世纪开始，这种技术就开始在我国推广，是 20 世纪我国使用最为广泛的一种广播电视传输技术。由于一颗卫星转发的广播电视信号可以覆盖到三分之一个地球，因此这种技术也是一种使用成本较低的技术。

③有线传输技术。当前广播电视传输是网络建设的热点，其主要原因在于有线传输技术的传输介质拥有稳定、传输速率高的特点，相比无线传输技术和卫星传输技术，有线传输技术可以实现更大规模信号的传输。有线传输技术应用最为突出的便是有线电视技术，作为现阶段最为前沿的广播电视传输技术，有线电视技术的发展速度相当之快，这种技术拥有其他传统的广播电视传输技术所没有的

特点。初期的有线电视主要传输的是模拟信号，模拟信号的传输会随着有线传输介质的延长而衰减，在一定程度上不适合电视信号的远距离传输，但是经过十几年的技术革新，逐渐淘汰了有线传输模拟信号的方式，逐渐改革成传输数字信号的方式。从最初的公用天线系统，经历了有线传输系统升级的几个阶段，传输速率在不断提高，可供传送的电视节目也实现成倍增长。在有线传输系统升级的过程中，供给传输的介质网络也从最初的同轴电缆网络更新为光纤电缆混合网络，经过光纤干路与光纤支路、光纤到路、光纤到楼等几个建设阶段，最终实现光纤传输网络的完全铺设。随着数据传输技术的发展和通信技术的不断革新，形成了新型的综合服务网络的形式。这种全新的有线电视宽带综合服务网络拥有以下几个特点：其一，数模并存，即可以同时实现数字信号与模拟信号的传输，在一定程度上可以满足不同人群的需求，兼顾过去的模拟电视信号和现在的数字电视信号的使用需求；其二，分频复用与分时复用功能并存，在模拟信号中，分频复用功能有着十分独特的优势，而在数字信号中，分时复用的特征又十分明显，这两种复用方式并存，也是为了实现两种信号的共存；其三，使用光纤线缆与电缆混合使用的方式，不仅在性能上存在优势，在成本的计划中也存在一定的优势，可以兼顾经济需求和发展需求；其四，数据信号的分配和数据信号的交换共存，对于广播电视网络来讲，这是一个单向的分配系统，通过对广播电视信号的传输与分配，实现不同节目的切换，而现如今的这种通信网络，则是一种双向数据交换的系统，不但可以将电视信号进行分配，还可以反向将电视信号的反馈进行分配，实现双向的数据交换。

当前我国存在群众的文化需求无法满足的情况，这种情况来源于我国经济条件的提高，人们对于文化娱乐的需求也有较大的提高。在技术发展迅速的当前，为了尽快满足人们的这种文化需求，广播电视领域将尽快将原先的有线电视网络改造为有线电视宽带综合服务网，这也是广播电视工作者目前所面临的任务之一。

四、广播电视传播者与受众

广播电视传播中的重要构成要素是广播电视的传播者与受众。

（一）传播者

所谓传播者，即传者，也称信源，指的是信息的发出者，包括个人和机构。它处于信息传播链条的第一环节，既是传播行为的发出者，也是信息内容的发出者。它不仅决定着传播活动的存在与发展，而且决定着信息内容的质量与数量、流量与流向。广播电视的传播者，是以信息传播为职业的个人或机构，是构成广播电视事业的主体力量。在信息传播的过程中，广播电视的传播者是媒介与受众交流的桥梁和纽带，具有重要的社会影响力，并构建人类社会的信息环境，保障着信息安全。

1.作为个体的广播电视传播者

作为个体的广播电视传播者，通俗地讲，即指从事广播电视工作的个人。广播电视行业对于其传播者的工作有着详细的分工。一般来说，按其工作领域的不同可以分为编播、技术、管理等岗位。

广播电视的每一个主创团队都需要有一位领导者——制片人，负责节目整体的统筹策划、团队内部的协调分工等工作。一套成形的广播电视节目从素材采集、编播制作到节目最后播出，都需要众多拥有不同专业技能、身处不同工作岗位的职业传播者的通力协作与密切配合。在前期选题策划阶段，需要编辑、记者的协调配合，演播间的录播节目还需要导演、主持人、摄像师、灯光师、音响师、化妆师等人员的通力协作；后期编辑与制作阶段离不开播音员的配音、编辑人员的后期剪辑以及特技处理等环节；此外，还需要技术人员将节目播出、传送与发射出去。

2.作为机构的广播电视传播者

作为机构的广播电视传播者就是我们通常所说的广播电视机构，在广播电视系统中，扮演着双重角色——既是广播电视文化产品的生产者，又是广播电视内容传播的渠道。一般而言，广播电视机构包括广播电台、电视台以及影视制作公司等大众传媒组织。世界上许多国家和地区都拥有种类繁多的广播电台、电视台，按照其资金来源、经营性质以及传播内容的不同，可以划分为私营广播电视机构、公共广播电视机构以及国营广播电视机构。

（二）受众

受众是传播过程中信息的接收者，是信息流动的目的地。具体而言，大众传播媒介的受众包括报刊书籍的读者、广播的听众、电视电影的观众以及网络手机媒体的参与者。同传播者一样，受众也是传播过程中必不可少的因素，具有多重角色，他们既是信息内容的接收者、符号的解码者、信息产品的消费者，也是反馈信息的发送者。可见，受众是整个传播链条中不可或缺的一个环节，离开了受众，信息的传播将失去目的地而无法完成。因此，作为大众传播媒介的广播电视，要对受众有足够的重视，了解受众的特点及构成情况，了解受众的需求及视听习惯，只有这样才能对广播电视节目进行合理的定位，收到理想的传播效果。

广播电视受众的数量众多、分布广泛，其年龄、性别、地域、职业、收入水平、文化程度等属性也各不相同，受众的构成情况较为复杂。同时，受众对于广播电视的接收习惯、需求喜好等也存在着较大的差异。广播是听觉媒介，伴随性较强，覆盖范围极广。受众的媒介接触方式主要是"听"，无论在家中、在出租车里还是在商店、餐厅里，都可以随时随地收听广播。可以说，广播已成为人们生活的忠实伙伴。广播收听的随意性，使得其受众的构成相对复杂。

电视媒体作为一种视听媒体，电视能够直观地再现现实生活，具有强烈的现场感与感染力，电视主要以家庭为单位的群体形式收看，是家庭文化的重要组成部分，其受众群体数量庞大，仍处于大众媒介霸主的地位。

第三章 广播电视媒体的发展历程

广播电视媒体最早发源于西方，1906年，由物理学家费森登主持参与了人类历史上第一次试验性的无线电广播，至此，开创了广播电视的新纪元。本章分为世界广播电视发展概要、我国广播电视发展历程两部分，主要包括世界广播媒体的发展、世界电视媒体的发展、世界广播电视媒体体制发展概要、我国广播媒体的发展历程、我国电视媒体的发展历程、我国广播电视媒体体制发展历程等内容。

第一节 世界广播电视发展概要

一、世界广播媒体的发展

（一）诞生时期

1844年，美国的发明家兼艺术家塞缪尔·莫尔斯成功地用电报传送了一句话：What hath God wrought（上帝创造了什么）这次"闪电式传播"意味着新的通信时代的到来。

1876年，苏格兰裔的亚历山大·格拉汉姆·贝尔发明了电话。电话的发明有效地解决了有线传音技术。人们从此开始尝试着利用电话进行新闻传播，而这种有线传播的方式可以说是广播的雏形。

有线电报传播上的遗憾在50年后被无线电报的发明弥补了。早在1864年，英国科学家詹姆斯·克拉克·麦克斯韦就提出了著名的电磁波存在的理论。经过许多人的多年探索，1887年，德国物理学家海因里希·鲁道夫·赫兹首先验证了电磁波的发生和接收理论。1888年，赫兹测量了电磁波的速度和各种不同波长的电磁波的参数，从而为电磁学的发展和无线电广播的应用奠定了基础。

1895年，俄国人亚历山大·斯塔帕诺维奇·波波夫和意大利人伽利尔摩·马可尼分别制成了世界上最早的无线电接收机。马可尼运用赫兹的理论，成功地将电码传到意大利的土地之外。1901年，马可尼通过无线电传送字母"S"，使其成功穿过大西洋，从而证明了无线电长距离传递信息的可能性。后来，马可尼在英国政府的帮助下将这一新发明推广到全球各地。《纽约时报》的大字标题这样写道："无线电连接两个世界。马可尼跨大西洋服务以向《纽约时报》发电讯开张。"从此，无线电的传播时代到来了。

1906年圣诞夜，物理学家费森登在美国马萨诸塞州布兰特罗克的无线电广播实验室首次成功地进行了无线电有声广播。当时航行在大西洋海面的一艘轮船上的无线电报员忽然听到耳机中传来了人的说话声和乐曲声，朗读《圣经》故事、演奏小提琴和播放亨德尔的《舒缓曲》唱片的声音，最后还听到了亲切的祝福声。费森登的这次实验成为历史记载的第一次广播实验活动，被认为是广播时代的开端。

就在同月，德·福雷斯特发明了真空电子管的前身——三极管，实现了无线电技术的重大突破，他也被称为"广播之父"。德·福雷斯特在日记中写道："我已经发现了一个看不见的空中帝国。"1908年，他在巴黎埃菲尔铁塔上播放唱片节目，被25英里（约40.2千米）外的法国军事电台收到。1910年，德·福雷斯特与费森登合作，在纽约大都会歌剧院成功地转播了由世界著名歌唱家恩里科·卡鲁索演出的歌剧。

这些先行者为广播的问世奠定了技术基础。第一次世界大战期间，交战双方广泛使用了无线电通信和无线电话，此间，美国的尼尔·奥尔登·阿姆斯特朗改进了无线电接收机的线路，1918年发明了超外差电路。战后，无线电工业和技术转向民间，为广播电台的发展提供了物质技术条件。在美国各地，发射塔如雨后春笋般竖立起来，种类繁多的无线电接收机出现在商店的柜台上，顾客排着长队争相购买。

1920年11月2日，美国匹兹堡西屋电气公司开办的商业广播电台开始播音，呼号为KDKA。它被公认为世界上第一家广播电台，也是第一个获联邦政府所发的实验执照的广播电台。KDKA电台广播的第一条新闻就是沃伦·加梅利尔·哈丁击败詹姆斯·考克斯当选总统的报道。这种获取新闻的便捷方式令美国人异常兴奋。举世公认的第一家广播电台就这样走进了人们的生活。1920年11月2日这一天被认为是世界广播事业诞生日。

第三章　广播电视媒体的发展历程

继美国之后，英国、法国、苏联等国于1922年先后办起了广播业。

1921年，法国邮电部建立了第一座广播电台，通过巴黎埃菲尔铁塔进行定时广播。1922年，法国建立国家电台。1924年，法国出现私营广播电台。1922年，英国建立英国广播公司，到1927年，英国已有21座广播电台。德国帝国广播公司于1925年成立。意大利于1924年建立了无线电广播电台。日本在1925年开始办无线电广播业。同年3月22日，第一家私营电台——东京广播电台开始实验性广播。1926年，该台在原有基础上，合并了大阪和名古屋两家电台，成立了日本广播协会。此间，中国、印度、加拿大、澳大利亚等国的无线电广播也相继问世。广播业在20世纪20年代得到迅速发展。

（二）初步发展

1929年10月，美国华尔街股市崩溃，随之而来的是资本主义历史上最严重的一次世界经济危机。然而，这场经济危机对广播来说却是一个难得的发展机会，成了新型媒体——广播的黄金时代。

20世纪30年代，广播业经过20余年的发展，已经解决了一系列的技术问题，拥有了成熟的新闻体制及大批专业娴熟的工作人员。其中，广播网的形成是广播业走向成熟的重要体现。广播网是指由多家广播电台组成，由一座大型广播电台为节目发送中心的传播系统。1926年6月，美国无线电广播公司宣布成立一个下属的新公司——全国广播公司（National Broadcasting Company，NBC），这是在美国出现的第一家专业广播公司。1927年7月，NBC组建了两大广播网——红色广播网和蓝色广播网，在美国广播事业发展道路上占据了领先地位。1927年，哥伦比亚唱片公司向NBC挑战，成立了哥伦比亚广播公司（Columbia Broadcasting System，CBS）。1928年，一位香烟公司的老板买下了这个广播公司。1943年，根据美国有关的反托拉斯法案，NBC的蓝色广播网被迫卖出，成为以后的美国广播公司（American Broadcasting Company，ABC）。至此，美国三家全国性商业广播大公司鼎足并立的局面形成了。

广播网的形成促进了20世纪30年代无线电广播节目的成熟，体现在节目撰写者、生产者和表演者的专业性上。它通过娱乐节目吸引了全国的广大受众，将电台的娱乐功能表现得淋漓尽致。与此同时，广播的宣传功能也逐渐受到人们的重视。富兰克林·罗斯福被称为第一个"广播总统"。1932年，罗斯福在危难中就任美国总统，面对奄奄一息的国家经济，面对迷惘恐慌的民众，面对攻击他的"新政措施"的敌人，罗斯福迫切地感到在复兴经济之时，首先必须振奋民心，鼓舞民众，向人民直接解释"新政"的纲领、意义和措施。于是，他决定利用广播电台来发表演说。在大萧条最严重的时期和第二次世界大战时期，他发表了30次"炉边谈话"。人民被罗斯福总统和蔼可亲的态度打动，《纽约时报》报道说："从来没有哪一位总统能在这么短时间内叫人觉得满怀信心。"评论家称罗斯福的"炉边谈话"起到意想不到的"呼风唤雨"作用。

此时的广播正逐步走向它的成熟阶段。

（三）曲折发展

1939年9月，第二次世界大战全面打响。1941年12月，日本对珍珠港发动袭击，使第二次世界大战的规模进一步扩大，美国正式宣战。第二次世界大战的爆发把广播和电视卷入了一场战争之中，并在这场战争中扮演了重要角色。战争时期的特殊情况，使得大部分国家的广播节目都几乎停止了扩张。但是，战争也使得电台在传播技术、战时宣传等方面表现出了前所未有的繁荣。

第二次世界大战期间，国际广播发挥了巨大的"心理战"作用，美国也于1941年年底卷入战争中，并于1942年开始广播"美国之音"。第二次世界大战使开办国际广播的国家从1939年的27个增加到1945年的55个。以德、日为首的战争宣传与以苏、英、美为首的反战宣传形成激烈对抗。广播的战时宣传功能在第二次世界大战中发挥到极致。

1940年8月18日《这里是伦敦》开始进行现场报道。主持人爱德华·默罗每次广播均以"这里是伦敦"开始，以伦敦当时的习惯语"晚安，好运"结束。默罗常常在骇人听闻的战争第一线进行现场报道，用声音把英国和美国联系起来，用客观真实的报道让听众领悟这场战争的性质。默罗也因此成为众多听众心目中的传奇式英雄人物。

广播在第二次世界大战中的出色表现带来了战后几年广播的繁荣。从1940年到1950年，美国电台数目翻了一番。到1950年，96%的美国家庭拥有了收音机。

（四）突破发展

第二次世界大战结束后，相对平静的社会环境使受众对广播的要求进一步增加，受众不再满足于战时广播传播的沉闷和单调。广播的改革呼声越来越高，随着广播电视的经济功能和娱乐功能的加强，商业性广播电视机构有所增加。

美国广播电视业诞生之初即以私营为主，因而无须进行体制改革。除美国外，西方其他国家战后大多经历了一个体制转轨的过程。

第三章 广播电视媒体的发展历程

1955年，英国独立广播公司成立，打破了英国广播公司垄断英国广播电视的局面，成为英国第一家商业性广播电视公司。英国广播电视进入"双头垄断"时期。20世纪70年代至20世纪80年代，两大公司之间竞争日趋激烈，在节目创办上别出心裁，媒介数量和覆盖地区上也竞相扩张。

随后，法国、日本、加拿大等国家也都先后颁布广播法，改变原有单一的广播体制，允许商业电台的成立，从此形成公营和商营两大系统。

此外，广播电视传播内部的竞争日益激烈，电视业复苏后迅速发展，成为广播强劲的竞争对手。第二次世界大战结束后，电视成为新的热点，电台企业纷纷转向电视领域，三大广播网进军电视领域的同时，开始减少或终止正在进行的广播改进实验。广播在20世纪三四十年代黄金期所造就的超级明星、节目和广告也都流向了电视领域。

20世纪50年代电视的发展，首先夺走了晚间广播黄金时间的听众，广播全国性节目开始逐渐减少。20世纪60年代，电视超过了广播和报纸，成为多数人的主要新闻来源。此时的广播在变革中逐渐摸索出新的发展方向，这就是"专门化"和"本地化"。广播电台把自己的目标听众定位为特定的群体。娱乐节目转向电视领域，新闻和音乐成为广播最主要的节目。全新闻频率作为一种新型的广播模式首先在大城市推广开来，为广播赢得了可观的收听率。更多的广播电台采用了成本较低的谈话模式，以电话热线参与、讨论、访谈、新闻、公共事务为基本特征。在专门化的同时，广播在服务对象、传播内容上进一步本地化、社区化，面向本社区、成本较低的小功率电台迅速增长。以"专门化"和"本地化"为特征的"窄播"成为广播发展的潮流。经过调整和改革，广播逐渐走出低谷，并稳定发展。

1973年，CBS的"广播神秘剧"和20世纪70年代末英国广播公司的"广播剧杰作"节目，都再创收听热潮。1979年，纽约WKTU广播电台靠着只播放流行唱片音乐，由本无名声而变为全国听众最多。这些情况使美国全国公共广播协会主席弗兰克在1980年推测说，我们可能正在进入一个"新的广播黄金时代"。

开办环球广播，以全世界听众为对象进行综合性、普遍性广播，成为20世纪末各国广播发展的重点。英国广播公司使用中波、短波以及卫星、因特网、再传送等手段，向全世界播出39种语言的节目。美国之音和法国的国际广播也增加了调频广播的比例。

20世纪末，因特网的出现使网上广播成为新宠。1994年1月，美国之音成为世界上第一个与因特网连接的国际广播电台。据1998年底不完全统计，全球97个国家的100家国际广播电台中，有55家在因特网上建立了网页。

进入21世纪，数字广播的出现给广播界带来了革命性的变化。它逐步取代模拟广播，成为继调幅广播和调频广播以后的第三代广播。2001年11月，美国XM电台最先正式开播数字卫星广播。随后，数字广播技术在全球得以迅速普及。2004年初，播客开始进入全球公共广播电视领域。这种新型的数字广播技术很快得到许多大型媒体机构的青睐。美国在线、英国广播公司、娱乐与体育电视网等媒体纷纷在自己的电台或网站上播出播客内容。播客改变了听众被动收听的方式，使之成为主动参与者，引发了广播业的一场新的革命。

纵观广播的发展历史，我们发现"地球村"已不再是梦想。电子媒介的迅速发展也印证了半个世纪前媒介学者麦克卢汉的设想——"印刷媒介使人类世界彼此疏远，而电子媒介则使得我们更加相互依赖，并且把世界重新塑造成一个'地球村'的形象"。

二、世界电视媒体的发展

（一）初步发展时期

电视的英文名称源于希腊语，意为"远处"和"景象"。1900年8月25日，在巴黎举行的世界博览会上，法国学者将利用电波传送图像的实验称为"Television"，即电视广播，简称"电视"。

20世纪初，美、英、法、苏等发达国家纷纷加强对电视的研制，取得了许多突破性成果。1907年，美国科学家德·福雷斯特发明的三极真空管不仅突破了广播的技术难关，也使电视机显像管设计逐渐走向成熟。同年，俄国学者鲍里斯·罗津格得到了设计世界第一台电子显像的电视接收机的特许权。四年后，他又制成了利用电子射束管的电视实用模型，并用它显示出了第一幅简单的电视图像。1910年，俄国科学家弗拉迪米尔·兹沃利金研究用真空管接收电视图像。1923年，罗津格在美国发明了光电发像管（亦称电视摄像管），改进了电视摄影机。1925年，英国科学家约翰·洛吉·贝尔德利用自己发明的设备，配扫描图盘，实验传输图像并取得成功。1926年1月，贝尔德在伦敦公开演示自己的发明，引起轰动。1927年4月7日，美国贝尔电话实验室在纽约和华盛顿之间使用有线的方式传送电视节目，播出了当时联邦商业部长的演说。1928年4月，美国全国广播公司的WZXBS电视台获得了第一个实验电视广播的执照。同时，被批准进行电视试验广播的还有美国通用电气公司所属的WGY电台。1929年，英国广播公司与贝尔德公司合作，在伦敦开设实验性电视台，进行定期电视广播。

第三章　广播电视媒体的发展历程

1931年10月，苏联在莫斯科用传送静止图像（照片）的方式开始实验电视广播。1932年，法国政府在巴黎建立第一座实验性电视台，进行不定期广播。1935年，德国成立了电视节目机构，并于当年3月22日开始在柏林播出定期节目。

1938年，法国政府开始每天定时广播电视节目，节目通过巴黎埃菲尔铁塔上的发射台发送。不久，里昂等城市也相继开办了电视广播。同年，苏联在莫斯科和列宁格勒（现在的圣彼得堡）建立了两个电视中心。1939年3月10日，莫斯科电视台开始定期播出节目。

美国第一次正式开播电视节目是在1939年4月30日纽约世界博览会的第一天。这天，全国广播公司进行了长达三个半小时的实况转播。观众通过电视屏幕，第一次亲眼见证了罗斯福总统为开幕式剪彩的情形，罗斯福也因此成为第一位登上电视屏幕的美国总统。转播结束后，全国广播公司总经理戴维·萨尔诺夫宣布，全国广播公司将使电视机进入千家万户。到1940年5月，美国已有23座电视台进行电视广播。同年，美国联邦通信委员会成立了一个各方均可接受的国家电视标准委员会，以建立统一的电视标准。1941年1月，国家电视标准委员会提出了新的标准。这个委员会建立的标准后来被称为NTSC制式。据此，美国联邦通信委员会规定，自1941年7月1日起，美国电视采用统一制式。同日，全国广播公司、哥伦比亚广播公司开始定期播出电视节目，主要是放映一些电影、百老汇的歌舞剧以及体育比赛等。

第二次世界大战改变了电视发展的轨迹。战争期间，除个别国家的少数电视台维持运转外，大多数电视机构均中断播出。大多数电视设备的生产与实验作业也因受到战争影响而被迫或主动停顿。

（二）飞速发展时期

在战争期间停播或陷于停顿的电视事业，在和平到来后焕发出勃勃生机。1950年，开办定期电视节目的国家只有5个，1955年有17个，1960年增加了4倍。到20世纪70年代末，播送电视节目的国家已超过100个，世界迎来了电视时代。

最早恢复电视播出的是苏联。1945年5月7日，苏联在其"无线电节"当天恢复了电视播出。1948年，苏联又将原先的343行扫描线标准改为625行，于11月开始试播。1949年6月，改建后的莫斯科电视中心正式播出。法国也迅速恢复了电视试播。1945年11月8日，法国政府颁布法令，成立法国广播电视公司。从10月起，法国广播电视公司开始从埃菲尔铁塔播出电视节目。1946年6月7日，英国广播公司恢复电视播出。其后，北欧、南欧、西欧的一些国家纷纷开办电视广播。1952年，加拿大广播公司开始经营电视广播。到20世纪50年代末，英国每周的电视节目为640小时，苏联每周的电视节目为530小时，中欧每周的电视节目为400小时，法国每周的电视节目为220小时，澳洲每周的电视节目为210小时，北欧每周的电视节目为200小时，意大利每周的电视节目为180小时，加拿大每周的电视节目为100小时。

美国的电视产业在第二次世界大战后得到了快速的发展，战争时期只有6家，到了1946年的时候迅速增长到108家。1948年9月，美国联邦通信委员会暂时停止接受新的电视台申请。1952年4月，美国联邦通信委员会恢复接受新设电视台的申请，并宣布将保留一些非商业性电视台。电视台的规模一下子扩大了好几倍，电视行业的收入和利润都在美国首屈一指。美国电视市场在20世纪50年代中期达到了饱和状态，并在全球范围内占据了主导地位，成为世界上首屈一指的电视大国。

20世纪60年代后，电视机在发达国家日渐普及，电视节目更加富有吸引力，成为许多家庭接收外界信息的首选渠道。其中，电视娱乐节目和电视剧受到观众的认可，而电视新闻节目则以其声情并茂、对事发现场的真实"再现"等优势，每每在重大问题或突发性事件发生时取得奇效。以美国为例，哥伦比亚广播公司、全国广播公司和美国广播公司在报道历次总统选举、越南战争、"阿波罗"号航天飞机载人登月等新闻时，都充分展现了电视无与伦比的魅力，而哥伦比亚广播公司的电视新闻节目主持人沃尔特·克朗凯特则成为那一时代电视人忠实履行新闻职责的典范。克朗凯特于1950年加入哥伦比亚广播公司，1962年起主持电视新闻节目，开始报道并评论美国大大小小的重要事件，包括肯尼迪总统遇刺案、阿波罗号载人飞船登月事件以及越南战争等。他主持的CBS黄金时段新闻节目《晚间新闻》曾连续20年在美国电视新闻收视率排行中遥遥领先。根据1972年的一项民意调查，克朗凯特的声望远远超过了美国总统和副总统、美国参议院和众议院议员、民主党总统候选人和所有的记者，是"全美国最受信任的人"。电视对美国民众的影响力由此可见一斑。

这一时期，电缆电视的出现改善了电视传输的效果，也扩充了电视频道的容量。电缆电视也称有线电视，它于1949年最先出现于美国。由于当时一些地区（团体）没有电视服务，有些地区（团体）的地理位置处于电视广播覆盖区的边沿（或覆盖区之外），还有的是因为障碍物阻碍了该地区（团体）的电视接收，因此人们尝试通过传输电缆传输电视信号。电缆电视容量大，不易和普通的空中播出电视产生干扰，也不受雷电等外界因素的干扰，同时具有双向传递功能，因

第三章　广播电视媒体的发展历程

而出现不久即很快推广开来。美国最早开办的有线电视节目公司为成立于1972年的"家庭影院"（Home Box Office，HBO）。HBO起初并没有自己的原创节目，只是一个电影播出渠道，影响也较小。之后该台利用通信卫星传送节目，并增加原创电影的播出比例，逐步发展为世界知名的电影频道。

发展中国家的电视事业直到20世纪50年代才刚刚起步。1950年，南美的墨西哥、巴西和古巴开办电视事业；1953年，亚洲的菲律宾开办电视事业。到1955年，开办电视事业的国家有菲律宾、泰国、摩洛哥、波兰、捷克斯洛伐克、哥伦比亚、委内瑞拉、巴西、阿根廷、古巴、多米尼加共和国等。1957年，中国香港"丽的呼声"电视台开播。1958年5月1日，中国大陆首家电视台——北京电视台（中央电视台前身）成立并实验播出。1960年到1970年，开办电视事业的发展中国家迅速增多。

在广大发展中国家，直到20世纪80年代初，电视机仍是少数人的所有物。某些国家的节目内容表明它主要是为地方上层人士和外国移居者服务的。尽管电视机的数量有了明显的增长，可是，在大约40个国家里，有电视机的家庭不到10%，在一半以上的国家里，有电视机的家庭还不到50%。与收音机相比，一台电视机的费用超出了一般家庭的收入；社团共有的电视机（如放在村社大厅里的）只是部分地减少了这种局限性，而且，它的波段有限。这就是说，能收看到的主要是城市居民，农村人口只有很小一部分能看到。再与无线电广播相比，编制电视节目是一件很费钱的事情，而相对贫穷的国家当然要优先考虑其他事情。

（三）变革时期

1980年以来，世界电视已由传统的黑白电视向彩色电视、数字电视和高清电视方向发展。在日新月异的现代科技推动下，电视业本身也在经历着深刻的变革。

1. 卫星直播电视

卫星直播电视是由设在赤道上空的地球同步卫星接收卫星地面站发射的电视信号，再把它转发到地球上指定的区域，然后由地面接收设备接收，供电视机收看。其最大优势在于只需有限的一至二颗卫星，就可向世界各地的家庭用户直播上百套电视节目。卫星电视直播技术于1964年首先在美国试播成功。1975年，美国无线电公司首次将美国有线电视"家庭影院"节目经由卫星传送，开启了通信卫星转播有线电视的新时代。20世纪90年代末，世界大多数国家都已开办卫星电视广播。

2. 高清晰度电视与数字广播电视

1972年，日本率先提出在模拟信号电视的基础上研制高清晰电视，20世纪80年代正式推出高清电视。高清电视的画面清晰度高，与传统的模拟信号电视相比优势明显。后来美国提出了全数字高清晰度电视，之后欧洲各国纷纷由模拟电视向数字电视过渡。我国也于1999年国庆50周年之际，成功地实现了数字高清晰度电视的试播。数字技术为广播电视带来了一场深刻革命，同时人们又发现了这场革命更广更深远的意义，那就是这场革命的意义不单是数字电视本身，而是它为任何数字信息的广播开辟了新的航线，通过这条航线，数字广播技术将在未来信息社会中占有重要的地位。

3. 网络广播电视

IPTV 即交互式网络电视，是一种利用宽带网的基础设施，以计算机或"普通电视机 + 网络机顶盒"为主要终端设备，向用户提供视频点播、互联网访问、电子邮件、电视游戏等多种交互式数字媒体个性需求服务的崭新技术。以互联网为传输渠道的网络电视打破了空间和国家的界限，可以很轻易地把信号传输到任何有网络的地方。

4. 手机电视

手机电视是指以手机为终端设备传输电视内容的一项技术或应用。目前这项技术仍在不断发展之中。

总之，借助卫星和互联网等技术手段，目前的电视信号可以轻易翻越国界，实现全球传播。这在20世纪70年代以前是难以想象的。

三、世界广播电视媒体体制发展概要

从世界范围来看，广播电视体制主要有商业体制、公共体制和国有体制三种类型。在北美，美国的广播电视体制经历了从"公众委托模式"向"市场模式"的转变，形成以"辛迪加"为主的电视节目市场运营模式和以少数媒介集团电视网为核心的产业垄断格局；在欧洲，由于受精英主义理念和新自由主义思潮的影响，以英国为主的欧洲发达资本主义国家将电视视为一种国家媒体，秉持以公共广播电视为主、以商业化经营为辅的双轨体制。在媒体发展的背景层面，具有社会批判意识的传播政治经济学伴随着西方广播电视体制的变迁而兴起与发展。自无线电广播进入大众传播理论视野以来，西方传播政治经济学者的学术研究一直围绕着媒介技术、传媒体制与媒介内容等大众媒介发展的语境而展开，为深入理

第三章 广播电视媒体的发展历程

解与探索不断变动的国际政治经济关系和资本主义权力控制问题提供切实的实践支撑和现实的理论呼应。

(一) 北美电视市场的商业竞争机制

第二次世界大战之后，北美地区形成以美国为中心的政治经济格局，加拿大和格陵兰岛等国家和地区一直处于被美国的强权政治和公司资本主义与垄断资本主义控制的附属地位。西方传播政治经济学者立足于国际间关系的宏观环境，重点考察美国的电视产业机制，包括广播电视技术、电视管理体制、机构定位与电视节目形态和内容，以及美国电视业国际传播的目的与效果，剖析其内生性的政治经济权力问题。

从总体来看，美国的广播电视传媒体制经历了从"公众委托模式"向"市场模式"转变的过程，形成三大传统电视网和新七大电视网的产业格局，不同类型的电视节目成为在美国国内与全球市场上流通与交易的文化商品。电视技术是电视业的物质基础，它包括电视摄录和播出设备与电视传输信号技术的研发。与英国相比，美国电视在研制进展上相对迟缓，而且是商业竞争的直接产物。从实验台的电视研制到电视走入大众视野，美国相继成立了全国广播公司、哥伦比亚广播公司和美国广播公司，形成三大商业电视网的市场格局。在争夺市场份额的商业角逐中，美国三大商业电视网纷纷斥重金投入电视技术的研发中，并为争取将自家电视技术定为行业标准而奋发科研。另外，激烈的商业竞争使电视技术更新换代的频率加快，推动了电视业的发展。电视技术的革新不仅使电视播出终端实现了从黑白电视、彩色电视到数字网络电视的设备更迭，而且完成了从无线电、微波干线、有线电视网络、卫星电视到数字电视和互联网融合等信号传输的历史变革。如今，便捷的传输技术、普及的电视网络、丰富的电视节目以及激烈的电视商业竞争，已经应验了美国无线电公司的总裁兼NBC的董事长萨尔诺夫在纽约世博会上对未来电视走入日常生活的预言。

1. "公众委托模式"的早期体制

实际上，广播电视是一种"频谱的公共资源"。作为一种公共资源的广播电视业，它的有效运转有赖于"政府之手"或"市场之手"或两相结合的合理分配。自20世纪初期至今，美国广播电视体制完成了从"公众委托模式"向"市场模式"的商业资本化和组织集中化的转变，形成以"市场之手"为主配置频谱资源的电视产业格局。西方传播政治经济学者认为，这是美国垄断资本主义经济制度在传播领域的表征。

追根溯源，美国电视业的"公众委托模式"沿袭了商业化运营方式分配有限的频谱公共资源的广播业传统。联邦政府为规制通信业颁布的《通信法》(1934年)是确立美国广播电视体制"公众委托模式"的政策法规。该法继承了1927年《广播法》将公共传播资源与公共利益挂钩的精神，允许私人在确保公共利益的原则上使用公共传播资源，并为电视消费者提供优质廉价的媒体服务。具体而言，"公众委托模式"指的是"政府授权美国联邦通信委员会，委托广播机构以公共利益为准绳代理使用无线电频道资源，政府（通过美国联邦通信委员会）对广播机构实行直接的内容规制和间接的结构规制，其目的在于确保公共利益至上"。因此，"公众委托模式"的核心是将公共利益置于首位，确保竞争的多元性、服务的全面性和内容的优质性，商业机构只是公有产权的广播电视的运作者和经营者，它受到联邦通信委员会的规制。

在《1934年通信法》基础上成立的美国联邦通信委员会，是美国广播电视业的最高行政机构，承担着重要的管理职能。美国联邦通信委员会由七名被总统提名并获得参议院批准的任命委员组成，直接对国会负责，其前身是1928年成立的联邦广播委员会。早在20世纪20年代末，联邦广播委员会就以"频率公有，政府委托私人以公共利益为准绳开展运营"为原则描摹出美国广播电视业"公众委托模式"的雏形。自成立以来，美国联邦通信委员会主要履行以下三类职能。

其一，向达到要求的广播电视机构颁发经营许可证，并负责分配和管理有限的公共频谱资源或传播资源。比如，在"冷战"初期，为控制如风暴般席卷全美的商业电视激增狂潮，防止众多电视节目信号之间相互干扰，美国联邦通信委员会在1948年至1952年暂时冻结新电视台许可证的审批程序。其二，对电视台运营进行监管，对节目内容进行规范。美国联邦通信委员会有权对特定的广播电视节目进行明确的限制，并对其进行一定程度的控制和影响。例如，为了保障公众利益，美国联邦通信委员会制定了"黄金时间获得权规则"，规定电视台在四个小时的黄金时间里，要预留半个小时来播出与公众相关的新闻。其三，划定广播电视技术的刚性标准，并规划新技术的发展方向。比如，在电视技术发展初期，划定全美统一的国家电视标准委员会制式为彩色电视的技术标准，随后由于电视技术的更新换代，美国联邦通信委员会相继出台有关有线电视、卫星电视和高清晰度电视的技术标准，目的是规制市场竞争的有序性。作为独立公共机构的美国联邦通信委员会，是美国电视监管体系的核心力量，它在执行行业管理的行政权时，受到白宫、国会和联邦法院等三方力量的监管。在"公众委托模式"下，美国电视业实际形成由多方权力制约的、强调公共利益和自由传播的商业机制。

第三章 广播电视媒体的发展历程

2."市场模式"的确立与发展

20世纪80年代初，随着美国广播电视业的迅猛发展，加之受到新自由主义思潮的影响，以经济利益优先的"市场模式"逐渐取代"公众委托模式"成为主导美国广播电视业的体制，尤其是《1996年电信法》的出台，在政策层面确立了广播电视业的市场取向。所谓"市场模式"，是指"政府大大放松了对广播业的规制，使得广播执照持有者成为'市场参与者'，而不是公众委托的对象，是市场利率而不是美国联邦通信委员会对节目服务的评价来决定广播中公众的利益所在"。"市场模式"的确立，意味着美国政府和美国联邦通信委员会放松了对广播电视业结构与内容的管制，强调电视业的发展以商业利益优先为核心，主张打破媒介间的壁垒，以促进媒介融合和自由竞争，适应媒体的集中化与商业化趋势。实际上，在商业利益的驱使下，美国广播电视业进行了一轮又一轮的大规模兼并与扩张狂潮，形成了较为稳固的产业格局：从传统"三大电视网"到"四大电视网"，再到"七大媒介集团"的垄断态势。

（二）欧洲电视产业的多元市场格局

欧洲电视业是世界电视发展的重点，也是西方学者，尤其是欧洲学者的研究对象之一。他们的关注点往往聚焦到欧洲尤其是英国广播电视业的体制变化，即从公共广播电视体制向公私并营"双规制"转型，逐步施行市场举措与运营模式的私有化和商业化。欧洲各国电视业的起步大多集中在第二次世界大战后。其中，英国是电视的诞生地，英国国属公共电视台——英国广播公司是第一家被世界公认的正式电视台。英国广播公司首任总裁约翰·瑞斯曾明确表示，英国广播公司作为国家广播系统，是民主的整合者和缔造者，广播电视是将全体社会成员凝结在一起的"黏合剂"，是维护公众利益的公共机构。如是，"公共服务理念"成为英国电视业乃至欧洲电视业的基础格调。时至今日，新自由主义思潮渗入传媒业中，英国与欧洲广播电视业正逐步探索一条追求公共利益与市场化策略平衡的路径。从总体上看，英国电视业主要经历了从纯粹的公共广播电视服务体系到接纳市场力量的公私并营双轨体制，再到新兴媒体与欧洲区域双向融合等三个阶段。

1. 以"公共服务"为理念的公共电视体制

与美国电视业的市场经济与消费主义不同，在英国的精英政治和精英文化的社会氛围中，英国电视业以公共电视体制为基底。1936年11月2日，英国广播公司在伦敦以北的亚历山大宫成立下属的电视台。英国广播公司电视台沿用英国广播公司的公共广播体制，成为英国唯一一家公共广播电视机构。正如英国广公司的首任总裁明确指出:"公民应该需要的,而非其想要的,把人类最优秀的知识、创造和成就传播给尽可能多的英国公民。"英国广播公司是一家公共服务公司,公共广播电视机构的宗旨是为公众提供公共服务。欧洲不少国家和地区都参照英国的模式构建国家性广播电视制度,创办公共广播电视公司(台),如荷兰的广播电视基金委员会、法国的公共广播电视台、瑞典的国家电视台、丹麦广播电视公司、意大利公共广播电视台等。

2."双轨制"的产业结构与市场竞争的多元格局

1954年,英国议会通过了《电视法案》,这标志着在法律层面英国允许建立私营电视企业。根据此法案,次年商业独立电视台正式成立并开播,这是英国第一家以广告收入维持运营的商业广播电视机构。因此,英国电视业从英国广播公司的独家垄断格局转向独立电视台与英国广播公司双头寡居的"双轨制"。所谓"双轨制",是指以公共服务为导向的公共广播电视与以经济效益为目的的商业广播电视共存的广播电视体制。

在机构建制上,独立电视台的独立性和商业性是其区别于公共电视台的主要特征。独立性是指,独立电视台独立于任何政府和任何政党。但在实际运作时,往往受制于广告商对节目制作的建议与商业性要求。可见,所谓"独立"并不是真正地不受约束。从商业性来看,独立电视台依赖于市场经济的运转,遵循资本主义市场竞争的规律。独立电视台的日常运营资金完全依赖于广告商的投资,广告收入是节目制作、发行与交易的资本筹码。这是在资本主义制度市场经济体制下,文化产品的市场化与资本介入文化传播行业的表现。值得一提的是,独立电视台自创建之初起便秉承着公共服务的传统,这是《电视法案》和皮金顿委员会对独立电视台的要求。正如国内学者分析《电视法案》文本得出的结论:"从政策安排上来看,独立电视台除了采用商业运营模式之外,无论是在治理结构上还是在服务宗旨上,几乎都是英国广播公司的一种翻版。"从实际演播情况来看,独立电视台与英国广播公司相似,面向社会各个群体。电视节目的策划与制作力求大众化,无论是电视新闻等信息类节目,还是电视剧、电视体育和电视文艺与竞赛节目等娱乐性节目,内容题材都偏向通俗性与教育性,目的是反映英国的历史、社会、政治与文化,传播世界的最新动态,提高英国整体国民素质。

独立电视台的创建,意味着英国广播电视业开始进入公私并营的双轨制阶段。一方面,结束了仅由英国广播公司撑起电视业的局面,独立电视台的创建壮大了英国电视业的规模。另一方面,独立电视台的商业性迫使公共机构的英国广播公司进入市场竞争环境,既敦促了英国广播公司提升电视节目的内容质量,又促使其丰富电视节目的题材类型,还形成了公共电视台与独立电视台的商业竞争氛围。英国广播公司和独立电视台较长期的商业竞争,为电视观众提供更为丰富与多样的节目资源。

3. 媒体融合与区域合作的新趋势

麦克卢汉预言了21世纪后的世界——"媒介即讯息"。媒介技术突飞猛进的变革引发欧洲电视业新的发展趋势。电视传输技术的迭代升级、新兴媒体的迅速发展等电视技术硬件的革新促使英国与欧洲电视业呈现媒介融合趋势。随着外国资本的涌入,域内外电视业的竞争日益激烈,欧洲各国(地区)纷纷寻求合作,争取实现区域内共赢,为在全球媒介市场占有一席之地。

第二节 我国广播电视发展历程

一、我国广播媒体的发展历程

诞生于西方的无线电技术与广播媒介发展形塑出现代大众社会,并对世界其他区域的现代化产生了深远影响。尤其在两次世界大战期间,广播成了政府进行国民动员和政策宣教的关键工具与重要手段。战争结束后,世界进入冷战时期,东西方通过广播隔空喊话,在城市上空掀起"电波战"。可以说,作为现代体系化媒介的代表之一,无线广播的发展与殖民主义、帝国主义、民族国家包括战后世界格局的形成,以及现代性生活方式的改造,存在着密切的联系。社会中政治团体、商业机构和民间组织等不同主体借助广播通信技术,通过内容的组织编排,借助笼罩在都市高楼、田野乡村上空的无线电波,无差别地向社会公众发送讯息,收听者打开"话匣子"收音机,便可收听到从另一端传来的音响。无论是作为一种技术手段、音频素材还是作为一种文化权利,广播作为音频传播手段之一不容忽略。

进入现代社会,广播的发展在不同的时代背景和技术条件下经历了不同的阶段。改革开放后,广播电台建设如火如荼,地方电台数量呈井喷式增长。随着市场竞争主体规模的饱和,传统电台不仅要在同业竞争中胜出,还要在电视等新媒介的普及下突围,因此传统电台如何找到自身特色发展之路成了必答之问。随着市场经济改革的不断深入,人民的物质生活得到改善,道路交通建设成了经济发展的先决条件之一,其从业人员数量不断增加,驾乘人员规模不断扩大,电台这种解放双眼和双手的媒介在汽车上得到了新生，收听交通广播成了人们出行规划的第一要务。互联网的到来，为广播媒介注入了双向互动的活力，原本单向的线性传播惯性得到了一定扭转，主持人与听众在网上直播间互动火热，听众不但可以加入直播栏目，也可以在网页上拖动时间轴，回放错过的精彩时刻。智能终端的小巧灵活，更是深度释放了音频媒介的陪伴属性，传统广播媒介陆续向平台化音频媒介转型，商业资本通过灵活的资金运作在这一过程中拔得头筹。

（一）无线电技术促生广播电台

从内容上来看，早期广播作为一种娱乐属性媒介参与到人们的日常生活中，拥有印刷制品所不具备的传播优势。

中华人民共和国成立后，明确划定了广播事业的国营方针，并对旧式私人电台进行社会主义改造。在经过数次调整和复杂尖锐的斗争之后，全国广播事业发展格局基本奠定。进入20世纪80年代，我国广播事业蓬勃向上。第十一次全国广播电视工作会议提出四级办广播、四级办电视、四级混合覆盖，以及"扬独家之优势，汇天下之精华"的指导方针。这一理念不仅开阔了广播电视人的经营思想，同时还调动了广播电视人的参与热情，电台数量相较于20世纪50年代增长不少。

电台数量的增加，意味着更为激烈的市场争夺，除了业内电台互相竞争外，电视作为更为新式的大众媒体迅速冲进市场。面向万千家庭迅速普及，电视不仅掠夺着传统广播听众的注意力，还蚕食电台的广告经营收入，业内面对这一经营压力调侃真是"电视躺着吃，报纸坐着吃，电台要着吃"。如此矛盾的背后，反映出电台经营模式单一，节目编排单调老套，广告制作缺少艺术性，经营收入滑坡的问题，无疑会影响到电台的生存与发展。

不过，也有一些地方电台通过内部改革，开拓出一条全新发展路径。1986年，广东广播电视台珠江经济台（以下简称"珠江经济台"），它的出现改变了以往广播传播的传统语态，令听众耳目一新。除了在内容编排上做足了功夫，珠江经济台成功地探索出主持人与观众之间可行的交流路径：听众热线。借助一部电话，听众可以即时提出意见、发表意见、点播音乐等，原本处于消极被动地位的受者位次得到了扭转，使听众真正成为电台的主人。珠江经济台的走俏，催生出更多践行"珠江模式"的电台，并在全国范围内形成鲜明的"经济台现象"。

（二）交通频道与车载广播建设

20世纪90年代后，中国经济进入发展快车道，原本作为高档奢侈品的小轿车

第三章 广播电视媒体的发展历程

开始进入寻常百姓家，与之配套的还有城市、城际道路网的不断完善。根据相关统计数字，1991年全国汽车驾驶员人数达到860万人，民用汽车保有量超过600万台。随之而来的是城市车均道路占比的矛盾，越来越多的小轿车行驶在路面上，造成了路面拥挤的情况，汽车驾驶员对高效出行、路面情况的讯息需求愈发迫切。同年9月，全国第一家交通信息电台——上海人民广播电台交通信息台正式对外广播，其创办宗旨是缓解城市道路拥堵，便于群众获知出行信息。在当时有限的通信手段下，交通广播的出现自然在道路运输行业迅速生根发芽。为了让全市的出租汽车都能收听到交通电台，上海出租汽车公司迅速在全市千余台出租汽车上安装了收听装置，一些运输企业更是把收听交通电台用制度化方式确定下来。

从频道的运作和节目安排上可以看出，交通电台在那个时期的繁荣昌盛，是自觉地走出了广播专业的细分领域，也是与电视频道专业化发展的逐渐趋向相一致的。交通电台早期的节目主要是收集和发布信息，但随着时间的推移，交通电台越来越注重观众的心理需求，如音乐放松、娱乐八卦、生活服务等，都是交通电台文化内涵的重要组成部分。随着上海交通电台掀起的一阵广播热潮，北京、江苏、广东、黑龙江等地都开设了本地的交通电台，以满足广大驾驶员的需求。

各地交通电台的兴盛，背后是对广播听众需求的精准拿捏。交通电台服务人群是更为广泛的交通活动参与者，也就是行人、车辆和都市交通网络，这种为特定群体提供信息的服务模式，让交通电台发展独具特色，原本听众对广播的收听需求从"可听"转变为"必听"，无论是在出行前，还是在出行中，收听交通广播电台成了人们规划出行的重要途径。随着2000年后汽车保有量的持续攀升，驾乘人员规模迅速扩大，敏锐把握住市场机遇的一大批曾流失掉的广告客户重新登门交通频率，有关汽车零部件、汽车销售和旅行服务等相关行业的商户广告成了电台的重要广告客流，交通电台经营收益也得到极大改善，充足的自筹自引资金为优质节目内容的制作提供了坚实的物质基础。据相关数据统计，2000年交通电台在北京人民广播电台的主要7个频率中贡献出超3成的广告收入，实现广告收益6000余万元。不仅如此，交通频道往往在各地方拥有良好的口碑，簇拥着以"的哥、的姐"为主体的忠实听众群体。

不过，交通电台在火热之后却也存在着发展掣肘的问题。一方面，从市场竞争格局来看，路况信息作为一种公共资源很难被把握在个别电台手中，不少系列频率纷纷试水交通专业频道，一个地方开办数家交通电台的情况比比皆是，从服务本质上来说大同小异，区别不大。另一方面，随着汽车保有量的持续增加，汽车驾乘人员的背景特征也呈现出多样化趋势。商业人士、政府人员和运输从业者等不同背景群体对电台节目内容有着不同需求，一些单纯提供交通信息而没有把握住不同群体在娱乐性、陪伴性、讯息性节目等方面更深层次的诉求，势必将被服务更为优质的交通电台取代。尽管当时一些电台经营人员已经认识到"一对一满足"的传播趋势，却囿于当时的广播技术和经营体制。

（三）互联网与广播的初期结合

互联网时代的到来，为曾经复杂而纷乱、可望而不可即的互动体验带去可能。相比传统广播节目，数字广播突破了传统广播的技术局限，从节目制作到最终传输全流程实现了数字化，"互动性和可重复收听，使网络电台掀起一场新的广播革命"，原本直线传播的信息流，变成双向之间交流的互动网。

1996年，珠江经济台开办了网络广播，广东人民广播电台三个专业频率整套上网，成为国内首个建立网站的广播电台。随后，中央台以及上海、北京、无锡和佛山等地方电台也陆续跟进，纷纷上线了网上直播、24小时实时播出、在线点播等功能，力图通过调动音画感知，为用户打造更为丰富的收听体验。这些积极运用互联网模式的广播电台，充分认识到了静态文字和图片传播的劣势，通过自身在信息资源方面的优势，在实用性、动态性和原创性方面蹚出了自己的特色之路。也有佛山台在内的一批电台，通过互联网技术调动了当地、异地在内的广播听众参与到本台节目中，把一些重大活动搬上网络广播，通过主持人与网友在聊天室的实时交流，创新节目形式，有效实现了节目的互动效果，又如中国广播网在2000年开设的中广在线栏目，兼备在线直播和在线点播两大功能，中广之声通过互联网不仅实现了更大范围内的节目广播，还能响彻海内外，而在线点播则将听众从坐守的收音机前解放，实现了想听就听的愿望。2004年，北京广播网"听吧"频道正式成立，其资源库充分聚合了北京人民广播电台的节目素材，根据内容类型划分相声评书、小说故事、音乐歌曲等11个大类，5年时间累积音乐专题500余个、相声笑话2500多段，通过满足听众的不同收听喜好和差时收听习惯，最终收获了一批忠实听众。纵然上述的互动技术仅仅局限于文字静态互动、单一指令发出、有限选择范围，但互联网络明显地加入对传统业态广播的改造中，使得节目中心不得不更花心思串联起收音机听众与网络听众。比如，许多的广播电台逐渐在日常的广播播送中加入电台网址，引导听众访问电台网址。不过，在早期互联网低速的带宽和犹豫的电台网络建设背景下，有关电台网站互动平台搭建的理念认知存在不足。

从另一个角度来看，广播诞生之初并未应用即时互动技术，但数以万计的广播听众已经意识到传受主体间双向交流能够实现互动反馈,这种机制或许更多是依托媒介内容而不是媒介技术。对广播媒介来说,对内容策略如何进行深刻洞察和把握,仍然是成为其与电视、视频网站等其他形态媒介竞争的关键。这也说明,打造优质内容依然是平台制胜的核心因素之一。

这一时代的到来伴随着3G、4G网络通信技术在终端场景的应用。信息间的交换与传播成本大幅降低,音频传播逐渐呈现出受众窄化、内容自制、互动社交以及移动互联等新式传播特征。进入21世纪,播客作为一种新的媒介形态应运而生,它是美国苹果公司经典播放设备iPod与数字广播的结合,内容制作方通过使用相配套的协同工作软件上传音频内容,用户则可以轻松从订阅栏目中下载感兴趣的音频内容。不仅印刷平媒、电视传媒加入播客阵营中,还出现了专职播客内容制作的公司。播客制作节目逐渐向移动互联的方向转移,通过安装在智能手机内存中,音频客户端便携的特性和强大的功能迅速吸引了一大批忠实用户,这一风潮也逐渐进入我国。

二、我国电视媒体的发展历程

我国的电视媒体从最开始作为政府的宣传工具到后来发挥大众传媒的职能,这一路来经历了风风雨雨。在最初的20多年里由于中国的经济技术状况,电视媒体在波折中缓慢发展。改革开放后,电视媒体和中国社会一起,步入了快速发展的轨道,电视媒体的普及度和收视率得到大幅度的提高并进入繁荣阶段。

(一)初建期

1958年至1960年,我国的电视产业进行了非常规扩张。1960年,中央广播事业局召开第七次广播工作会议,提出在三年内创建50家电视台,是原来计划的4倍。截至1963年,我国共创建电视台、试验台、转播台共36座。但随着中国国民经济的衰退和科学技术的落后,当时社会非常规模式发展的错误开始显现。1966年开始的社会动荡对我国电视媒体的发展造成巨大的冲击,此后的10多年内,我国电视事业发展缓慢,基本上停滞不前,一直处于低水平的建设期。截至1969年,我国共有电视台19家。到改革开放前期,我国的电视台数量上升为32家左右。

(二)发展期

中国的电视媒体从1958年就开始发展了,但是基于十年社会动荡的原因,人们对它的认识还处于一种陌生的状态。邓小平在1978年党的十一届三中全会上，提出了实行改革开放的方针。1980年，中央电视台播出审判林彪等节目，中国社会从此步入"电视时代"。

随着改革开放的春风席卷中国大地，电视机开始进入千家万户，电视媒体逐渐在全社会打下广泛的基础，成为当时的主要大众传播工具，电视媒体迈入发展和繁荣的黄金期。新闻媒体改变过去的报道风格，转向宣扬社会主义经济建设。市场开放带动地方电视产业发展热潮，电视台一般建立在各省中心城市，到了1979年，各省、自治区、直辖市几乎都建立了自己的电视台。至1979年底，全国已有485万台电视机，全年广告营业额325万元。1982年，中央电视台第一次转播世界杯足球赛，为广大中国球迷提供了观看球赛的机会；1983年春节，中央电视台举行首届春节联欢晚会并延续至今；1987年，中央二套实现向经济频道的转变，播出范围面向全国人民；1990年，电视连续剧《渴望》受到全国人民的好评。截至1990年年底，中国各地共计电视台509家，数量接近改革开放前的16倍，全国的电视覆盖率为79.4%。

1983年3月，全国广播电视工作会议上提出电视媒体的"四级办广播、四级办电视、四级混合覆盖"政策，实现省、市、县、乡四级行政区域即全国范围内大办广播、电视。同年10月，党中央批准实行这一政策。"四级办广播、四级办电视、四级混合覆盖"这一政策在改革开放的背景下，极大地推动了我国电视媒体的发展，为电视媒体的发展指引了正确的方向、提供了空前的机会。中国人口庞大、幅员辽阔，四级政策覆盖到全国的各个地区，住在小县城的居民可以同时收看国家电视台、市级电视台和县城以下的乡镇电视台，提高了电视媒体的全国普及率。

在电视媒体的发展期，中国的电视节目形式不断创新，体现了电视纪实观念、电视栏目化观念、电视谈话观念、电视直播观念、电视游戏娱乐观念。1986年我国电视台的受众数首次超越报纸。1991年，电视广告收入首次超越报纸；1993年，电视广告收入首次超越国家财政拨款，由于电视台自负盈亏，激发电视节目内容丰富多彩，电视事业也有了无线台、有线台的发展，甚至开始利用卫星播出节目。到1996年底，中国的电视台总数已经高达880家，电视人口覆盖率达86.2%。

（三）繁荣期

20世纪90年代后，经济的起飞、市场竞争机制的引入与第三产业属性的确

第三章　广播电视媒体的发展历程

立,使电视台拥有产业运营、汲取利润的能力,从此开始走向繁荣。进入21世纪,开放的国际交流环境,进一步带动电视媒体产业的自主,行政层级的垄断结构也开始松散,市场上连续出现了有线电视台、经济电视台、民营电视制作公司、网络电视、移动装置等。与此同时,电视媒体实用讯息和民生新闻比例上升;舆论监督、评论节目和以娱乐为价值取向的节目数量陡升,形成了新的传播格局,这也是中国电视媒体高速发展、深化改革的黄金阶段。

(四) 挑战期

电视的发明是20世纪具影响力的发明之一,它直观性强、冲击力大、传送速度快、富有感染力且不受文化水平限制的特点,给人类的工作生活带来了丰富多彩的体验,也为传统传播方式增添了新的元素。不可否认的是,我国近几十年来在电视媒体软件、硬件的进步上是有目共睹的,无论是在电视台的外观数位摄影棚、自动化管理方面,还是在专业人才的培育等方面,都能和世界先进国家并驾齐驱,电视新闻呈现的内容也言之有物、配比合理,尤其侧重国计民生的新闻;相关焦点访谈、新闻调查更因资源沛充而掷地有声,研究内容深度的解释性或调查性新闻报道也引人入胜,专业性频道如幼儿、财经、体育、军事等更是丰富多样,让人目不暇接。但是随着新媒体时代的到来,电视媒体作为第一媒体、广告之王的地位被撼动,电视媒体正面临着各方面的挑战。

新时代,随着智能手机、平板电脑、网络媒体等新型传播形式的高速发展和普及,电视媒体面临着是否能够继续生存下去的威胁。新型传播方式相较于传统的电视媒体受众范围更广、传播速度更快、时效性更强,对当前发生的重大事件的主导权也慢慢赶超电视媒体。2011年"7·23"甬温特大铁路事故的新闻案例就体现了这一特点。事故发生后,在最初的6个小时营救时间里,微博主导着人们了解救援动态的方向。在信息的发布速度、社会的动员力度等方面,电视媒体的力量远不及手机微博,新媒体完胜电视媒体。2014年,电视媒体的广告收入为1200多亿元,而互联网广告的收入却超过了1200亿元,足可见电视媒体和新媒体的差异。从市场变化的过程来看,电视观众的数量已经很难增加了,甚至还有可能减少,而互联网媒体的观众数量会持续上涨;电视媒体观众观看电视的市场也有缩减的迹象,但互联网媒体用户的上网时间一直在延长。和新媒体相比,传统电视媒体的劣势地位可见一斑。2018年,根据中国互联网络信息中心和中国广视索福瑞媒介研究的网民及观众调查数据,电视直播收视时长进一步萎缩,网民规模和上网时长稳中有升，2019年传统直播电视在整体媒介竞争中的地位进一步式微，互联网驱动的节目跨平台多渠道碎片化的传播正在加速电视低收视率竞争时代的到来。

三、我国广播电视媒体体制发展历程

（一）完全行政控制阶段：中华人民共和国成立后（1949—1978）

自中华人民共和国成立后，我国处于复杂多变的政治环境以及艰难的经济发展探索进程中，自1950年开始，无论资本主义国家还是社会主义国家相继组建国家的广播电视台，我国的广播电视媒介也在这样的环境下应运而生并得到了发展。在中华人民共和国建立后，我国致力于提高国民经济，改变生产资料私有制的状况，构建具有中国特色的经济建设体系，同时我国也意识到必须将改革的一系列思想与政策通过媒介手段传递给人民，这样的发展环境为中国广播电视业的产生奠定了一定基础。因此，1958年作为国家级的电视台的北京电视台正式揭牌与尝试运行表明了我国广播电视事业就此起步，其从成立之日起就承担起党和国家"喉舌"的宣传任务，因此在当时的阶段，我国广播电视业的主要性质是具备公益性质的广播电视事业，发挥着一定的宣传作用，而当时的广播电视产业性质还处于萌发期。在后来的1978年，北京电视台更名为中国中央电视台，即我们现在耳熟能详的CCTV，其与中央人民广播电台还有国际广播电台等肩负起了将党中央和国家政府的大政方针与指导思想进行广泛传播的重要任务，并且在全国范围内产生了极大的宣传效果以及影响力，由此可以看出，我国广播电视业自发展伊始便有着浓烈的意识形态特征。

1958年—1978年，广播电视业的政府规制有着明显的行政控制特征，它作为政府的行政部门而存在。在体制上，广播电视业的所有资源配置及运行都遵循中央政府的行政命令和计划，是高度集中的统一体制；在结构上，在全国范围内进行区域行政管理，分区域建立广播电视台，因此广播电视形成了明显的区域或行政堡垒；在属性上，广播电视业需要将党和人民"耳目喉舌"作为根本原则，成为党和政府有效的宣传手段；在市场运作上，我国明确提出广播电视行业内禁止一切市场经营活动谋取利益，技术、设备以及工作人员薪酬等不同方面的资金只能来自国家的财政。除此之外，电视台制作的节目类型并不多样，关键作用为宣传与教育。台与台之间、国家与国家之间仅能借助物物交换以及低价补偿的手段来完成节目交流。因此，早期的广播电视事业与市场并无太大的关联，中国广

播电视业还未走上产业经营的道路,广播电视媒介强烈的意识形态性质将广播电视的其他属性不能体现出来,广播电视业受到了国家政策的偏爱、支持以及有效保护。国有制作为其唯一的所有制形式,广播电视业日常开支全部依靠政府的补贴,广播电视不必进入市场,也不存在"市场失灵"。因此,在规制经济学中的理论依据中政府规制是为了解决市场失灵这一观点在我国广播电视业诞生和初步发展的这一时期没有实据可以支撑,由此也可以得出结论,我国对广播电视业的政府规制在这一时期是与国家计划经济体制相适应的完全行政控制方式。

(二)调整与改革的起步阶段:改革开放初期(1979—1991)

1978年,党中央组织召开了党的十一届三中全会,党中央提出要以经济建设为中心,将侧重点转移至国民经济建设上,经济体制也由计划经济体向市场经济体制转变,在这个调整与改革跨度很大的历史时期里,我国传媒政策目标逐渐扩大,各项目标的优先顺序和权重逐步调整。

广播电视等传统媒体最重要的目标依然是为党和国家进行政治宣传,但是值得一提的是,传媒的性质逐渐转变为将"党的喉舌"和"人民的喉舌"共同重视起来,开始重视人民在广播电视媒介传播中的重要地位。除此之外,在广播电视业的规制政策中,对经济目标和文化目标的重视程度也有大幅度的提高。在具体规制政策上,内容方面与计划经济时期相比大幅放松,除了危害政治稳定和国家安全的不良内容被禁止外传,各种题材和形式的内容产品在各种媒体广泛传播。在以经济建设为中心的时代,传媒的经济规制改革引人注目,我国传媒市场准入和所有制规制、经营行为等经济规制分不同领域、以不同形式逐步放松了部分规制。

在此时期,广播电视行业已不只是单纯地发展广播电视,其行业属性也渐渐显露出来。在社会主义市场经济的冲击下,随着国家的发展和市场的需要,广播电视行业逐渐从职能单一的机构变革为具有一定营利性质的、集政治文化经济功能于一身的广播电视产业。同时,国家出台了一系列有针对性的政策,使我国广播电视行业由事业单位向企业转型,由单纯依靠国家财政拨款转变为通过商业运作获取资金,广播电视业开始逐步向事业性质和产业性质并存的方向过渡,逐渐探索自己的改革发展道路。

1979年1月,我国报纸、广播、电视先后在社会争议中恢复或开始播出广告,之后广告经营政策逐渐放宽。在1982年初,我国政府颁布了《广告管理暂行条例》,条例规定了我国的广告管理制度以及广告审批准入制度。1994年,我国颁布了具有现实意义的《中华人民共和国广告法》，明确了广告在社会主义市场经济中的重要作用，同时也表明我国对广播电视业等传媒进行规制的经济目标。20世纪80年代，第十次全国广播工作会议再次强调了广播电视业必须"坚持走自己的路"，对广大广播电视工作者提出认识媒介性质、依据自身所处的媒介环境和特点来办广播电视节目等要求，在这之后的第十一次全国广播电视工作会议上又提出了广播电视业的成长不能仅依赖于国家财政资金，要开源节流推动广播电视业资金流动和增强经济效益快速发展的方针，提出要独立自主地进行建设。

除此之外，第十一次全国广播工作会议还出台了"四级办台"的相应政策规范，允许地方和县级政府开办广播电视台，因此我国广播电视业的市场结构布局产生了巨大变化。1982年底至1985年，我国广播电视台数量实现了由不足20座发展到172座的倍数增长。1984年，我国开始建立全国范围内的省级电视台节目交流体系，首次将电视节目作为商品在市场上流通，这改变了我国的广播电视业以广告收入为最主要经济来源的情况，逐步开始向利用节目等产品进行经营过渡。在这一改革开放的时期，政府颁布的一系列政策方针，成为我国广播电视业进入市场进行产业经营的发展支撑，使得我国的广播电视业在改革开放的进程中进行了初步的调整与改革。

（三）改革突破阶段：事业单位企业化管理（1992—2000）

1992年，中共中央发布了有关加快发展第三产业决定的文件，该文件把广播电视业列为第三产业，而且指出大部分分属事业型以及公益福利型的第三产业持续转型成具备企业化管理以及自主经营管理能力的产业，这使得我国广播电视成了事业性质和产业性质同时存在的实体，并且突出强调广播电视业要顺应市场趋势进行改革，在注重社会效益的同时追求经济效益。1998年，中华人民共和国第九届全国人民代表大会第一次会议召开，在此次会议内容中强调我国政府要持续降低包括广播电视业的大部分事业单位财政资金的三分之一。此次会议标志着我国广播电视业被推入了市场，要"自负盈亏，自主经营"从而获取经济利益，所以我国的大部分广播电视台开始加快转型的步伐，进行着产业经营的探索。但由于我国的广播电视业具有强烈的意识形态属性，因此对于广播电视业的资本经营一直在政府的限制下流通。

20世纪90年代后期，在互联网技术的快速发展、广播电视的数字化和网络化发展需要巨大资金支持的背景下，广播电视业自主经营难以获取庞大的资金，国家的财政支持也难以承担技术发展所需。因此，广播电视业寻求了新路径，即进入市场获得资金，在政府的支持下通过上市获取更多的市场份额，并且在资本运营的过程中形成了具有自身特点的产业链，资本流入产业使得广播电视信息开始多元以及推动了所有权的变革，其中上海东方明珠股份有限公司上市最先进行尝试，是广播电视业进入市场融资的改革与突破。在这个突破改革的时期，我国广播电视业充分显现出了事业单位的特征以及企业化管理的特征。

（四）整体布局推进阶段：公益性事业和经营性产业并行（2001年至今）

1998年，我国对广播电视节目制作经营许可的审批和发放进行放宽，广播电视节目的制作公司数量开始逐年增加。2000年11月，国家广播电视总局下发文件规定，广播电视业可以在宣传的基础上经营其他相关产业，并可以根据经营状况逐步发展为综合性的传媒集团。随后，我国广播电视台为了提高收益和降低成本，开始对"制播分离"进行探索，并且快速推动了我国广播电视产业的集团化改革。与此同时，在2004年，我国广播电影电视总局强调未来不会有大量的事业性广电集团产生，对产权分离改革的重视程度有所提高，并表明广播电视集团能够具备事业单位的具体特征，需要与经营性资产分离，产生转型后的产业经营公司或者集团公司。接着，中共中央、国务院颁布《关于深化文化体制改革的若干意见》，该意见指出新闻媒体中的广告、印刷、发布以及传输网络，还有影视剧等节目制作和销售部门，与事业体制分离，向企业转型，加入市场运行过程，为主业起到辅助作用。2012年，《关于促进广播影视产业发展的意见》的出台，正式标志着我国广播电视业开始放松对经营性资产的资本运作，我国广播电视业开始重视对外融资并利用广泛的资本实现更加稳步的发展。

综上所述，纵观我国广播电视业从单一的事业性质发展到广播电视事业与广播电视产业共存的历史沿革可以发现，我国政府规制主要集中在广播电视产业上，着力点在其产业性质上，而广播电视产业的发展也同样给我国广播电视业政府规制不断提供内在动力，影响着政府规制的改革和调整。虽然在媒介融合的时代，广播电视产业在探索三网融合、制播分离等方面都有了一定的成效，产业规模效益以及集团化发展也都达到了新的高度，但我国政府对于整个广播电视业的规制不会随着广播电视业的产业发展而放松，而是不断改革和调整，更新规制理念和手段，探索出更加适应我国社会主义市场经济下的规制道路，因此在2002年后我国广播电视业的政府规制呈现的趋势是公益性事业与经营性产业并行。

第四章 融媒体时代广播电视发展现状

对于广播电视媒体而言，融媒体时代蕴藏着极大的发展机遇，也同时带来了极大的竞争挑战。本章分为融媒体时代广播电视发展中的问题、融媒体时代广播电视发展的环境两部分，主要包括我国媒体融合平台建设情况、我国媒体融合升级发展现状、融媒体时代广播电视发展的问题、融媒体时代广播电视发展的问题分析、融媒体时代广播电视发展的宏观环境、融媒体时代广播电视发展的行业竞争环境等内容。

第一节 融媒体时代广播电视发展中的问题

一、媒体融合现状

（一）我国媒体融合平台建设情况

自2014年中央全面深化改革领导小组第四次会议审议通过《关于推动传统媒体和新兴媒体融合发展的指导意见》以来，我国融媒体平台一直处于高速建设和发展的状态，以新华社与人民日报为代表的中央级媒体，利用自身丰富庞大的新闻资源、政策优势以及先进的技术条件，为全国其他媒体的融合建设提供了样板范例。与此同时，我国各地也开始了融媒体平台的建设，并取得了不俗的成就。

1. 我国中央级媒体融合建设情况

自2014年中央全面深化改革领导小组第四次会议审议通过《关于推动传统媒体和新兴媒体融合发展的指导意见》以来，我国媒体在推动媒体融合建设中不断创新探索，以新华社、人民日报为代表的我国中央级媒体，在媒体融合建设方面，取得了建设性成就，新华社建设的全媒体报道平台与人民日报的"中央厨房"建设，为我国各地的媒体融合发展提供了样板模范。

2.我国各地媒体融合建设情况

随着《关于推动传统媒体和新兴媒体融合发展的指导意见》的发布，我国省级媒体融合发展的脚步不断加快，形成了以中央级媒体为引领，以省级媒体为骨干的发展布局。天津作为我国的直辖市、国家中心城市，"京津冀"协同发展政策中的一个重要环节，是全国首家实现全媒体融合的省级"中央厨房"，实现了广播、电视、报纸和互联网的全媒体融合。湖北长江云在省级媒体的技术支持平台建设方面也一直走在前列，可为用户提供新闻、党建、政务和产业等服务支持，同时湖北长江云也是全国首家将新闻、政务、服务三者融为一体的融媒体平台。内蒙古自治区是我国第一个民族自治区，具有强烈的民族特色和丰富的文化资源，由内蒙古日报社建设的草原云融媒体平台，将原有的"内蒙古"新闻客户端升级改版为"草原"客户端，也为内蒙古自治区今后的舆论宣传工作增添新的动力。

(二) 我国媒体融合升级发展现状

1.传统媒体变革存在内部主动因素

全球传统广播电视媒体都面临困局。2016年英国《独立报》宣布停刊，在第二版写下最后社论："印刷机已停，油墨已干，纸张也不再在手里窸窣弯卷。"在新媒体的冲击下，传统报刊行业被挤压得尤其明显。

（1）技术环境深刻变化

早在2011年，美国麻省理工学院媒体实验室教授亨利·霍尔茨曼在一次公开讲话中发表看法，极端地认为在数字化内容消费时代，传统广播电视产业必将死亡，它们必须提前认清现实，并主动面对这个未来。传统媒体作为社会组织的一部分，其内部矛盾会随着外部动态环境的变化而激化，但这是广电媒体进化的过程，并不会被替代，它最终会与新媒体一同相互帮助、相互成就，构成一个功能强化、分工明确的媒介生态系统。

用新技术武装起来的网络社交媒体通过互动、兼容、巨量复制——使整个传播系统迅速覆盖人们生活的方方面面，创造的交互界面形成"复合空间"，整合了虚拟空间和物理空间，使得两者密不可分。而巨大的用户量也使每个人无法脱离这样的传播系统，因为社交是一个群体的基本存续条件。传统广电媒体必须主动适应媒介生态的变化，适应用户的语境变化进行媒体融合改革。

广义上的传统媒体是指报纸、广播、电视此类大众传播媒介，相对于新媒体依托不同的传播载体而言，传播效率也相距甚远。人类社会在最近一次科技革命后，迎来了互联网移动通信技术，商业平台技术更新迭代吸引更多用户，带来更多商业利润和用户数据，对技术设备的进一步研发投入是呈指数级增加的。互联网公司有足够的资本进入新闻市场中，而新闻内容大多没有版权限制，其创新能力必然超过传统广电媒体。传统广电就在此类商业互联网公司的技术阴影下，艰难地进行融合升级。

媒体是依赖受众的信息需求而存在的社会组织，单一的传播载体或内容形式已经无法满足当代人信息多样化的需求。这是信息化时代传统媒体生存的重要变革时期，但只要抓住机会传统广电仍有机会逆转局势。

（2）媒介环境引领惯习

"惯习"是法国著名社会学家皮埃尔·布尔迪厄提出的实践概念，认为社会与世界如何运作的"实践感"控制着人们的行动。这个"实践感"是一种社会倾向系统。另外，还有"场域""资本"与"惯习"概念共同构成了布尔迪厄社会实践理论。布尔迪厄在长期的调查中发现，人的大多数行动往往是趋于自发性的惯习，而不是基于缜密的理性思考，但这样的行动结果恰恰在社会环境中表现得恰如其分。"场域"和"惯习"是生成行动的隐性框架。现今的媒介环境提供一个虚拟公共场域，进入后人们会根据惯习融入其中。这是因为媒介用户通过长期沉浸于该媒介社会实践中，逐渐下意识地把握这种能力。无论是目前推出的短视频内容传播，还是今后的沉浸式体验新闻传播，对一个具有自发性惯习的、完成社会化的人而言，只要技术普及成为一种现象，构建一个完整场域，人便会成为最快适应的一方，因为人的转变是很迅速的。转变速度较慢甚至迟滞的是大部头制度文本、大公司企业和组织机构。

媒介融合是一个动态发展的过程，在这个过程中，设备软件、虚拟社会规则不断与人们的感官、经验、情感进行互动，塑造人们新的"惯习"。传统媒体在这样的互动中眼睁睁看着从前的"观众"变成"用户"渐行渐远。

正如短视频新闻内容的颠覆性创新——将叙事碎片化，抖音就用新的产品直接领导用户，而不是去问他们需要什么。灵活的商业传媒系统的次级单位彼此之间高度链接，点对点间的影响通过迅速的网络通信形成非线性因果关系，具有高效自主的特点。根据专门从事广电媒体收视、收听率监测的中国广视索福瑞媒介研究在2020年9月8日发布的《2020年短视频用户价值研究报告》，10岁及以上网民用户数量增至约7.92亿人，短视频用户规模增速变缓，但过半用户观看

第四章 融媒体时代广播电视发展现状

时长增加，我国短视频用户人均每天使用时长由每天54分钟升至76分钟，短视频内容生产的市场空间仍在不断扩张。此外，电视大屏内容在短视频中有了新的打开方式，即刻的社交分享功能成为人们更为重视的媒介功能之一。电视媒体相较于互联网商业平台，其内容审核机制较为严格，制作流程固定，长视频容易导致观众对节目形式产生审美疲劳。传统媒体若不参与技术和人们媒介惯习的构建过程，传统媒体的彩色泡沫终将破碎。

2. 媒体融合发展存在政策推动因素

2014年8月18日，习近平总书记在中央深化改革组第四次会议上，审议通过了《关于推动传统媒体和新兴媒体融合发展的指导意见》，这是首次在媒体融合的实践应用发展上提出的顶层设计意见，媒体融合上升到国家战略高度。政策推动是加强管理的宏观手段，为全国各地媒体积极建设融媒体中心、全媒体平台在政策上、资金上提供环境支持，也为既有资源的整合和效率监管提供保证。习近平总书记对于新媒体平台建设和运用抱有重大期待，也提出了建设性发展方向：在尊重传播规律的基础上，要打造具有新闻舆论传播力、引导力、影响力、公信力的主流媒体，这是党和政府赋予媒体的重要使命。

除了媒体相关政策意见的出台外，国家还在经济方面提出改革方向。供给侧结构性改革成为我国经济领域改革的重点。媒体产业具有经济属性的一面，传统媒体的供给方式已经不能适应新媒体时代大众的信息需求，供给状况出现过剩或"供不应需"的现象。与此同时，新媒体正在迅速转化传统媒体的"受众"角色，利用大量用户的网络社交需求，给自身新媒体平台提供内容产品自组织、自生产动力。无数个体思维聚集在网络群体中，形成了无可逆转的社会性。

传统广播电视媒体以人才为主要生产资料，但在人力资源管理中呈现出大而不合理、调度不灵活、大量流失于新媒介等问题，导致内容生产、信息传播和信息反馈互动呈现结构性失衡。供给侧结构性改革强调结构性生产中各要素功能的发挥与资源配置的合理优化。这就意味着，在新的历史时期，传统的媒介信息提供必须适应新时代的新需要，创造一个有机的整体，以应对各种变化的环境，而非一劳永逸。

3. 新媒体市场环境下存在被动因素

马歇尔·麦克卢汉认为，某种广泛意义上的功能性媒介普及应用后，人类才有了与之相关的传播活动，并且每一种新媒介的出现都会引导社会行为的改变，塑造新的社会组织，改变周遭的环境。其实，我国传统广电媒体在20世纪80年代就应该意识到网络带来的危机，及时转变思路。1987年，互联网刚刚进入中国，到 2003 年迅速发展扩张，当时的网站并不生产任何内容，只是将电视新闻内容搬运到互联网站上，但初期网络已表现出自身简单但强大的结构系统，无限重组内容，可以向任意方向发展。当时网络传播没有得到广电媒体的重视。而目前广电媒体却是被抛在后面成为所谓的"传统媒体"。

目前面临的媒体融合困境，存在发展不平衡、不充分等问题。新媒体市场的快速扩张，呈现压倒性态势，我国传统广播电视媒体其实早在 2009 年便开始尝试事业单位企业化管理，但由于缺乏传播技巧，缺乏读者思维、用户意识，传统广播电视媒体并没有明显增强市场竞争力。新媒体就像自助餐，提供的信息更加轻松、有趣、多样。较之于传统媒体硬新闻的教条冗杂，人们更倾向于选择消费新产品，这是官方主流媒体不得不面对的挑战。不可否认的是，现今媒体平台已经完成了基本的格局分化，头部平台基于用户红利，在"马太效应"的影响下占据越来越多的流量，产生了极强的用户黏性和忠诚度。广电媒体在此时已经很难让用户重新转移到自家新媒体平台上了。

传统广电媒体由于广播电视收视率下降，广告营收减少。四级办台的媒介历史也使内容同质化，媒体资源严重浪费等问题凸显出来。传统广电媒体忽视了 95 后、00 后以及亚文化群体在社交媒体上的消费能力。中国互联网络信息中心是权威发布中国互联网统计信息的官方管理和服务机构，该机构于 2021 年 8 月 27 日在北京发布第 48 次《中国互联网络发展状况统计报告》。报告显示截至 2021 年 6 月，中国网民规模超过 10 亿，10～19 岁网民占 12.3%，20～29 岁网民占 17.4%。因此 00 后及 90 后网民占总网民的 29.7%。这个巨大的群体使用的媒体语言更加鲜活、多变，他们是在网络时代下成长培养的语言习惯，与传统广电媒体的新闻语言交流形成传播障碍。正是这些年轻群体在互联网信息传播中占主导地位，且代表着未来媒体内容、形式发展的方向。谁掌握了年轻人的动向，谁就掌握了流量的奥秘。面对行业内生存空间的挤压，不仅要从根本上拓宽用户接收信息的新媒体渠道，生产高质量的内容，提高效率，加强与用户之间的互动交流，还要求媒介从业人员对媒体融合理念、新媒体内涵进行常态化学习。

传统媒体之间的竞争、新媒体之间的竞争、传统媒体与新媒体之间的竞争、主流官方媒体与互联网商业平台之间的竞争时时刻刻像一把达摩克利斯之剑悬在传统广播电视媒体的上方。

二、融媒体时代广播电视发展存在的问题

（一）广电行业主体的运行机制落后导致市场效益下降

1. 电视台的经营瓶颈

电视台在宣传党委、政府的政策方针以及反映民声等方面发挥着不可替代的作用，近几年来，随着互联网的高速发展，新型媒体的蜂拥而起，人们接受社会资讯信息比以往任何时候都来得更快，广播电视媒体的运行机制决定其不能像新媒体一样反应迅速。

首先，从体制上来看，作为政府宣传的"喉舌"，电视台是政府管辖的单位，市场运营的自主权相对较少，加上政府资金的补贴有限，电视台的高质量发展受到限制，包括节目的采编、人力资源的配备。其次，电视台的收入逐年降低，三大通信商的电视节目输出市场，加上新媒体如微信公众号、抖音、微博等的崛起，大量冲击着电视台的广告获得。

2. 融媒体中心发展的不足

融媒体中心的出现，使得政府公共治理体系变得更加现代化，正确利用融媒体的舆论导向，将信息传播变得多样化，向社会大众传播经济建设、服务社会、文化传承等多个方面的政府动态和社会时事。站在治国理政的角度上来说，融媒体中心是要拓展和凸显它在社会主义核心价值观培育等领域的作用，包括中央精神的传达、地方政府中心工作的宣传、地方政府的权力监督，包括对信息的传播和地域文化的发散。建好融媒体中心，多倾听基层群众的声音，更加突出融媒体的基层化和本地化的属性，使融媒体中心的基层服务功能不断得到完善，满足基层老百姓需求，更好地促进社会的和谐发展。尽管目前融媒体中心的主推工作做出了一些很好的尝试，但是细细推敲，仍然面临诸多困境。

首先，媒介形式化严重，大多数的融媒体都存在这个问题，平台数量大量增长，传播效果不尽如人意。媒体开设的微信、微博、公众号、客户端基本就是摆设，受众数量特别少。

其次，融媒体的受众范围窄，宣传效果难以达到理想状态。目前因为融媒体中心的新闻报道自顾自话，距离扎实抓好融媒体中心建设、更好引导群众、服务群众的愿景还比较遥远，融媒体的受众范围如此狭窄，要实现引导群众、服务群众这一目标比较困难。

最后，人才、技术、观念、资金，成为融媒体创新发展的四大困局。有些融媒体中心的工作人员少、人员业务技能参差不齐，加上新媒体技术掌握不到位，互联网技术应用能力低，不具备互联网思维。融媒体中心要力求树立互联网的思维，以受众群体为中心，让受众群体变成传播过程的主体，参与起来，互动起来，形成良性循环的媒体传播环线。

3.广播电视网络公司的整合发展滞后

很多地区的广播电视传播技术目前仍然处于比较封闭的体系，智能化机顶盒的发展受到相当程度的限制。例如，广电网络电视用户的收费没有达到智能化，还停留在原始的人工缴费阶段。广播电视网络的传播技术还维持在最初的水平，广电网络公司相对保守的运营商，在机顶盒硬件的研发配备上难以突破创新。另外，一些广电网络公司实行的是事业单位向企业化的转型改革，转型缓慢，改革滞后，在多数工作层面上出现事企不分的情况。例如，在管理人员的选择上，不是能者竞聘上岗，而是由政府任命，任命的管理人员是政府部门年龄偏大、接近退休的业务主管部门的领导，政府管理模式与企业管理模式有本质上的区分，而没有把握好这一区分，正是部分广电网络公司经营发展最大的弊端之一。

（二）广播电视业政府规制模式不适应社会经济发展的需求

1.政府规制的含义

所谓政府规制，可以具体理解为政府部门将相关的法律法规作为基准，借助许可以及认可等各种手段，能够直接作用于企业市场活动的有效管理行为。政府规制的根本特征为政府发挥其经济职能的作用，即以法律法规为依据制定和实施规制政策，并且直接作用于市场主体，对市场行为有一定的规范约束作用的同时提高其经济效率以弥补市场不足，有助于营造有序、健康、和谐的发展环境并推动我国社会主义市场经济的持续稳定发展。具体地说，政府规制的整个过程为立法机构根据我国的宪法和法律，赋予主体对经济与社会其他方面的规制权利，并通过制定政府规制相关的法律法规、详尽的规章制度，颁布相关的政策条令等手段，或者通过设立规制的专门主体机构对我国市场经济活动中的某个领域即规制对象进行多方面的规制。

2.中国广电行业政府规制

广播电视作为我国主要的传统媒体之一，是我国文化事业和文化产业的关键构成部分，政府对广播电视业的规制也就是能够直接作用于广播电视业的市场活动的有效行为，规制阶段具体是由规制主体执行机构、司法机构还有立法机构一起发挥各自作用的。具体来说,规制过程为借助政府所制定规制的具体政策、详尽的规章制度、颁布的相关政策条令等,通过设立国家广播电视总局等专门机构对我国广播电视业的市场活动进行经济、社会方面的规制。自2002年文化产业概念提出后,我国广播电视业开始了探索市场发展的产业化进程,由于广播电视业的双重属性特征,政府对我国广播电视业的规制具体分为两种类型,包括公共事业规制以及产业经济规制,政府在公共事业规制层面上属于社会性规制,政府在规制过程中发挥降低广播电视市场负外部性、提高广播电视市场正外部性、实现社会公共利益目标的作用,而在产业经济规制层面,政府主要负责监管广播电视业市场行为的市场结构和各个环节。

3. 广电行业政府规制模式不适应社会经济发展需求的表现

首先,政府对广电事业性质的革新程度不够深入,主流把控与分支流放的程度低。广播电视由原来的纯公共产品向准公共产品、混合型产品转化,性质的转化意味着市场价格的形成,广播电视的附属产品,如广告播放、有线电视网数字平台、付费频道等,使广电服务的供与求之间形成直接有效的市场,有市场代表有消费行为,事业型的公共组织迎来的市场价格的机遇,对广电事业性质的原始性存在是一个挑战,公益性和市场性本身存在的矛盾,需要革新广电业的管理标准和运作制度。

其次,广电事业管理主体的组织形态逐渐不适应当下的市场环境。国内的广播电视规制机构是传统的事业单位制,从中央的部级单位到地方的局级单位,管理干部的任用、管理能力的考察思量、管理方式和制度的设定,沿用传统的事业型单位高度的政事融合模式,在广播电视公共产品和服务逐渐市场化的情况下,目前的组织形态要实现有效率的管理目标还有相当的距离。广播电视和传媒平台的企业化管理是当代中国广电传媒改革的重要方向。

最后,政府的社会性规制陈旧和经济性规制狭窄。确保居民生命健康安全、以防止公共危害和保护环境为目的所进行的规制被视为社会性规制,社会性规制主要是通过设定行业内相应的实施标准、许可证的发放条件、费用的收取方式等进行规则制定的。国内的广电传媒事业具有双重性质,一方面属于政府性政府监管的对象,向社会提供公共服务,另一方面属于经济性政府的监管对象,是国有资产和国有资本实体的受托经营主体,之前建立的设立标准和准入许可,显得陈旧和缺乏创新。在自然垄断领域,为了提高资源配置的效率,政府规制机构运用法律手段,采取许可或者认可的方式,对企业的进入条件、退出条件以及提供产品或服务的价格、产量、质量等进行规范和限制。在现实中,自然垄断性的业务领域有相当大的可变性，对于垄断性业务的判别要实时动态掌握。广电传媒包含有垄断性业务和竞争性业务，垄断性业务和竞争性业务在一定条件下相互转化，而从市场发展来看，前者转化后者的情况居多。广播电视也存在固定性收入和波动性收入，前者由事业型性质决定，后者由市场行为决定。这些现阶段出现的特征，意味着广电这个被规制的对象出现结构演变情况，因此经济性规范和限制就变得狭隘和不全面。

三、融媒体时代广播电视发展存在问题的原因

（一）内容融合不充分

1. 对用户需求定位不准

传统广播电视媒体最核心的竞争力就是节目内容，不管什么时候，"内容为王"都不会过时，内容生产始终是最核心的要素。而在追求"短、平、快"的互联网信息化时代，用户获取信息的途径很多，用户接收内容的需求跟原来的需求相比有很大的改变，传统主流媒体单一的内容优势变得不再那么明显。传统主流媒体要及时分析自身所提供的内容与这些互联网新媒体所提供内容相比存在哪些差异，当前用户对内容的本质、表现形式的期待是什么。从中国电信官方统计数据可以看出，用户对各类应用使用时长依次为即时通信（微信、微博等）、网络视频、短视频、网络音乐等。在互联网时代，用户对媒体内容的丰富性和形式多样化要求也越来越高。新的"内容为王"不仅要求内容精、紧跟时代，还要求形式更加丰富。而在对于用户关注的媒体类型网络调查中，从占比高到低依次为综合新闻类、兴趣爱好类、商业财经类、时尚娱乐类、专业类。可以看出，用户对新闻还是最重视的，其次是兴趣爱好。目前有些广播电视台用户群体定位还以中老年为主，而对于大量的年轻群体，设置的节目内容不够丰富，导致互联网用户流失和收视下滑严重。尤其是近几年，互联网视频网站的内容受到越来越多用户的喜爱，除了国内少数几个头部主流媒体的用户保持在一定的水平外，大部分传统主流媒体用户流失严重。所以，广播电视台要重新找准自己的用户群体，找准自身的内容定位，对内容本身的丰富性和多元化做相关调整，这样才可以吸引这些年轻的用户群体。牢记只有合适的定位和较高的内容标准才是主流媒体需要努力的方向。

2. 内容资源整合优化不足

在融媒体时代，随着传播渠道的扩展以及用户终端数量的增加，用户对节目

第四章　融媒体时代广播电视发展现状

的丰富性要求会更高。对于同一个媒体内容，目前普遍的做法是剪辑成不同的节目时长和看点，最后以不同的媒体形式呈现出来，并在多个互联网视频网站及终端视频 App 中展示，以满足不同用户的多样化需求和不同媒体形式的平台需要。目前，虽然有些广播电视台建立了融媒体中心，有了资源共享平台，在内容的获取以及时效性上比之前好很多，但在内容形式的丰富性上显得不足。

3. 融媒体内容生产平台功能不全面

目前有些广播电视媒体机构在内容生产制作过程中的流程相对比较简单，内部的新闻采集、制作、分发系统流程并没有完全打通，部门与部门之间的隔阂还存在。虽然建立了融媒体平台，但该平台的功能还比较简单，很多模块的操作比较基础，实操性不强。在融媒体时代，需要建立一个类似"中央厨房"的平台来实现媒体内容一次采集、多种生成、多元发布。"中央厨房"是一个比喻，本意是指一些管理先进的连锁饭店大厨房，从采购、配送、烹制都是统一的标准流程。媒体借用"中央厨房"的概念，尽管表述不同，但核心内容是"新旧融合、一次采集、多种生产、多元发布"。一个新型媒体内部业务流程应该是全媒体内容采集、生产、多平台集成、发布、运营，然后是网络传输、分发，最后到达用户的不同终端，形成一个完整的流程链条。有了这样的平台之后，可以很好地完善融媒体平台功能，为全链路媒体内容采集、生产和发布提供更好的平台支撑。

（二）技术融合不突出

1. 技术创新力不足

在媒体融合进程中，广播电视媒体机构尝试运用多种新技术，建立了媒体微信公众号、微博公众号，也有的广播电视台开发了移动客户端 App。但仔细查看，可以发现部分微博公众号只是在互联网平台上建立了一些自有频道或者媒体公众号，依托互联网平台进行内容传播。虽然达到了一定的传播效果，但无法通过该公众号独立获得第一手的用户信息和数据分析，只能依赖于平台的数据统计，广播电视台自身没办法分析用户行为，也就无法精准地知道和了解用户的观看需求，对内容的提供没有太大的帮助。

有些广播电视媒体机构在媒体融合发展过程中遇到用户流失严重和收视下滑明显等现象的原因就在于技术的运用太过简单。单纯地把传统媒体生产的内容直接搬运到新媒体平台上，不做过多的改变。内容融合不是简单的内容移植，而是要根据用户的需求进行定制开发，形成有自身特色的内容体系，以满足互联网时代多样化用户的需要。广播电视台需要把握当前媒体融合的流行趋势，不能只满足于"两微一端"的布局。媒体发展的未来必将是智能化、多维度的趋势，要关注内容创新，更应注重技术发展趋势，适应技术更迭的频率，跟上技术革命的步伐，才有生存和发展的空间。

2. 核心技术人才匮乏

5G 时代的来临，4K/8K、云计算、大数据、人工智能、区块链等技术的快速发展，对主流媒体融合发展来说既是机遇又是挑战。技术融合是媒体融合中最重要的一个方式，因为技术是媒体融合发展的"引爆点"，也是传统主流媒体的"痛点"。目前不少国内主流媒体已经开始探索和尝试 5G+4K+VR 或者 5G+4K+AI 等新型节目制作形式，在满足高清晰度现场体验感的同时，还能为用户提供更大动态范围，呈现更真实的色彩环境和场景真实的声音。

而互联网技术的应用，为主流媒体融合按下了快进键，主流媒体可以利用大数据技术分析用户浏览、收听等行为，以便提供更契合用户喜好的片源和综艺节目。技术作为先进的生产力，为主流媒体融合提供了很大的支持。技术始终是推动社会向前发展的动力，技术不仅改变了人们的生活方式，同时也改变了节目制作和传播的模式。

在这样的大环境下，如果没有新技术的支撑，节目的内容就无法在终端上呈现，节目的质量就会受到很大的影响。有的广播电视媒体融合起步较晚，近几年，在媒介融合的过程中，可以说是边学边做，许多新技术还处于研究和探索中，新技术应用还处于初级阶段，懂得新技术的人并不多。但近年来，一些广播电台在节目制作上仍沿用以前的形式，缺乏技术革新，技术更新速度慢，收视率下降。尽管广播电视一直在寻求新技术对节目的影响，也进行了很多尝试，但并没有太多的应用，新技术不是用在制作上，就是用在传播上，技术始终没有形成一个整体的生态体系。

3. 平台之间信息沟通不够流畅

目前有些广播电视台媒体技术融合存在明显不足，虽然建立了云资源库，只要在这个平台上的用户可以共享媒体资源。成立了融媒体中心，建立了融媒体平台，为内容生产者提供了资源共享和分发的平台。但台内各个部门和频道之间的联系还不够密切，信息交流不够通畅，这导致了各频道平台之间无法实现真正的互联互通，真正的技术融合还远远没有达到。媒体融合不能单靠内容优势或者融媒体工作室，而要将最适合的技术与媒体的内容有机结合。在有些广播电视台媒体融合进程中，传统的广播电视渠道和新媒体渠道没有联合起来，不同的新媒体

第四章　融媒体时代广播电视发展现状

平台也没有相互融合，只是在内容和形式上的直接移植，必然会对媒体的传播效果产生很大的影响。只有将新的数字信息化技术与自己独立开发的功能有机融合在一起，才能实现信息在自身媒介中的传播以及在媒介之间的传播。

（三）渠道融合不够多元化

1. 多渠道统一管理经验不够

自从2012年"移动网络元年"开始，移动互联网技术就飞快地发展。到2016年，智能手机、智能家居、可穿戴智能设备越来越多，各种信息的传播主流阵地也从互联网转移到了移动互联网。2017年，高清手机摄像头、高清网络连接、便携式的网络存储以及创建和编辑视频的各种工具成为网络视频"爆发式"增长的驱动力。现在，一台智能手机就可以实现购物、观影、订购外卖、看直播等多种服务。有些广播电视台对移动互联网的重视不足，一方面表现为手机客户端App功能不够完善，另一方面表现为对用户使用情况的数据掌握不足，互联网时代离不开数据信息，媒体如果不能掌握数据和对客户端信息的维护，未来的媒体格局将会受到抑制。

随着新技术的发展和应用推广，人们获取信息的渠道和终端变得多样化，除了传统的报纸、广播和电视以外，互联网站、移动终端App正逐步成为获取信息的重要方式。而这些传播渠道目前还没有形成一个整体管理、一体化的流程。目前大部分人用爱奇艺、腾讯、优酷、哔哩哔哩互联网视频App来观看视频，其次是芒果TV、各省级媒体App，其中很多App是用户同步使用的。可以看出，观看互联网视频的人数还是最多的，在传统广播电视媒体里，使用芒果TV的人数较多。随着全国网民数量的不断增加，网络空间已经成为人们新的空间，新的传播手段越来越多，而通过互联网获取、分享和消费信息，也已经成为人们生活的常态。网民中以年轻人为主，人们通过网络看视频、在线直播等。现在的视频网站融合了二次元、情感、户外、美食、旅游等多种内容品类，跨次元等方式进行内容生产，丰富自身内容体系。广播电视台要想推动全媒体建设，实现传播力建设的弯道超车，在用户获取讯息的习惯上就要向互联网视频网站靠拢。

2. 渠道多元化联动不强

在融媒体时代，信息传播呈现出移动化、社交化、可视化的新趋势。大部分用户使用App、网站、网络电台、数字电视，还有其他终端App包括（自媒体、各类公众号、智能穿戴、自动驾驶、AI智能、公众号新闻、网络新闻、微信、社交软件、微博、音乐软件、抖音等）。而有些广播电视媒体对这些多元化的传播渠道没有足够的重视，在微信、微博等新媒体传输渠道上的应用只是简单的推广分发，在新媒体平台之间没有形成良好的互动，对节目影响力的提升帮助不大。广播电视台应充分利用互联网技术，多渠道分发内容，最大限度地扩大主流媒体的影响力和传播力。

第二节　融媒体时代广播电视发展的环境

一、宏观环境

（一）政治环境

随着媒体融合上升到国际战略层面，党的十八大以来，传统媒体在体制机制、政策举措、人才技术和流程管理等方面加快融合步伐，建立了融合传播矩阵，打造了一系列融合产品。2019年，习近平总书记在人民日报社参观学习时提出，要构建全媒体传播格局，使移动互联网成为传播信息的主要渠道，坚持移动优先，建设好移动传播平台，充分利用商业化、社会化的互联网平台，让广播电视媒体借助移动传播，达到引导舆论、传承文化、服务人民的目标。2020年9月27日，《关于加快推进媒体深度融合发展的意见》出台，从重要意义、工作原则和目标任务三个方面明确了媒体深度融合的总体要求。同年11月3日，《中共中央关于制订国民经济和社会发展第十四个五年规划和二〇三五年远景目标的建议》发布，媒体深度融合正式被写入"十四五"规划建议中，建议中明确提出"推进媒体深度融合，实施全媒体传播工程，做强新型主流媒体，建强用好县级融媒体中心"。

这些政策举措的出台，为推动"三网融合"进程提供了有力的政策支持和制度保障，其目的在于消除广播电视网、互联网和电信网三者之间的体制机制障碍，强力推动三网进行实质性融合，在政策推动和行政手段调控之下，三网融合的顶层规划和统筹推进明显加快，促使它们进一步打破了桎梏于行业发展的壁垒，促使其主动拥抱互联网，为广电行业提供了更为丰富的发展路径，智慧广电成为广电行业发展的重要抓手，媒体融合成了广播电视行业发展的主要方向，极大地推动了广电行业的新媒体建设。

(二）经济环境

移动互联网技术推动移动经济向广播电视市场渗透，第一，中国移动应用产业链随着通信水平和电信业务的发展而日渐完善，行业处于加速发展阶段。截至 2020 年 7 月，中国在架应用达到 357 万款，涉及电商、文娱等各个方面，小程序用户规模预计达到 8.3 亿人，形成多渠道的分发模式，移动应用在应用场景方面趋向于垂直化，催生出更加细分的场景，适应用户的多维需求。除此之外，有关部门也加大对上架移动应用合规性的检查力度，对涉嫌违规的移动应用进行下架整治。第二，移动社交行业稳健发展。2020 年中国移动社交用户规模超过 9 亿人，图片社交、声音社交和视频社交产品更新迭代，特别是短视频与直播行业的火爆，视频+直播成为最热门的社交方式，这与跨屏传播的互动逻辑有耦合之处。第三，移动营销常态化。移动营销凭借个性化和场景化等优势，显示出巨大的商业价值，2014 年起，中国移动广告市场增速均保持在一倍以上，2015 年市场规模达到 592.5 亿元，现阶段，移动营销进入高速增长期，社会化媒体营销、移动整合营销与程序化购买等方式深受资本市场的青睐，未来移动营销的发展方向是与技术的融合，这与跨屏营销的发展方向是一致的。第四，短视频与直播行业的发展。2020 年中国短视频市场规模已达到 1408.3 亿元，2021 年中国短视频用户规模将增至 8.09 亿人，截至 2021 年 6 月，中国在线直播用户规模达 6.38 亿人，特别是近几年短视频与直播平台在商业模式上的探索，使得短视频和直播平台成为兼具社交属性与电商属性为一体的新兴产业。

参与"三网融合"是广电行业实现转型升级的必经之路，可以以促进信息消费为抓手，有效激发行业的内生动力，推动一系列新产品、新应用、新平台的创造开发，推动广播电视实现功能创新和产业创新升级。

（三）社会环境

社会环境深受人口特质、受教育程度、就业、文化平台等因素的影响。我国正处于社会经济高速发展期，社会信息快速流动，加速了多元化社会文化的形成。随着社会各类人群对信息需求量的进一步增加，在获取信息的基础应用上，衍生出一系列如网络金融交易、网络娱乐、网络社交等新的互联网应用类型，赢得了受众的广泛关注。在此种社会文化大背景下，推动"三网融合"恰恰契合了当前社会的现代化发展节点。广电媒体要积极应对新媒体的挑战，不断加强内容建设，创新终端文化产业形态，促进广播电视事业产业在新形势下实现转型化发展。

随着移动互联网技术介入广播电视媒体程度的不断加深，新媒体扩散程度不断加深，使用新媒体人群比例逐渐上升，重塑了媒介生态文化，新媒体文化得以出现。在这种社会文化环境之下，公众的媒介心理和媒介行为都迥异于传统媒体环境，具有了新的特征。一是新媒体降低了受众的媒介使用门槛。移动互联网的广泛应用和智能手机的普及使媒介话语权转移到了受众手中，受众可以随时随地地行使自己的话语权利。二是社会文化呈现快餐式消费态势。由于自媒体的属性，受众的个性倾向被鼓励，关注自我、追求新奇成了新媒体文化的一个特点，大众文化得以兴盛。在大众文化消费背景之下，新媒体内容业务快速、大量地增长，广电媒体之前自给自足的内容供给模式被彻底打破，媒体内容成了广电媒体的重要竞争点。在"三网融合"背景下，受众对于媒介具有了主导性的选择权，受众的年龄、文化背景、消费心理等都成了广电媒体创作生产内容所必须考量的因素。

（四）科技环境

截至 2021 年 6 月，我国网民规模已超 10 亿，互联网普及率达到 71.6%，其中使用手机上网的网民比例达 99.6%，使用电视上网的网民比例为 25.6%。电视开创了以视觉化传播为主的信息呈现方式，在互联网时代更成为信息传播的主要方式，我国网络视频（含短视频）用户规模为 8.88 亿，网络直播用户规模达 6.38 亿，大视频时代到来。

新媒体已成为当今受众获得信息的一个主要方式，广播电视不再是唯一的信息提供者，面临着巨大的市场冲击。科技的变革催生广电媒体不断变革，产生了不可逆转的内生动力。随着与其他新媒体融合程度的加深，广电媒体应牢牢把握"三网融合"的机遇，注重发展新媒体业务，逐渐突破传统媒体交互性不强、反馈机制滞后、互动性不强等短板，加快研发创新融媒体产品，不断拓展媒体的传播途径，丰富传播手段，构建更为科学合理的传播机制，以适应当今深度融合的媒体传播格局。

二、微观环境

发展战略的制定离不开对行业竞争环境的深入把握。当传媒成为一种机构和组织时，它承担着双重角色，一个角色是舆论引导者，另一个角色是经济创收者。

广播电视机构作为一种典型的传媒组织机构，一方面，承担着新闻舆论宣传的职能；另一方面，想要实现自身更好更快的长足发展，也势必要在经济创收

第四章 融媒体时代广播电视发展现状

方面做出积极努力。因此，广播电视台制作的广播电视节目也便成为一种经济产品，具备商品的价值属性，广播电视节目通过参与流通、交换、消费等运营环节，获得广告创收、合作节目创收等多种经济创收。而提到创收，广播电视台就不可避免地要参与到行业市场竞争中。

当前，随着信息传播渠道和方式的改变，信息传播的内容端口不再依靠于单一的信息传播渠道，媒体形态发生了颠覆性变革，让曾经几乎垄断信息传播渠道的广播电视媒体逐渐失去竞争优势。作为传统媒体，在过去很长的一段时间里，广播电视台是社会新闻信息发布的主要渠道，社会新闻资讯的传播活动主要由传统媒体担当主角，群众获取新闻资讯的渠道主要依赖于广播电视台的单向线性发布，新闻记者作为广播电视台新闻资源采集和编辑的专业人员，对自身职业的认同感、自豪感较强。而今，自媒体的出现使得传统广播电视媒体丧失了一直以来引以为傲的垄断性信息发布渠道优势，传统广播电视台的传播力度目前在整体行业竞争中并不突出，且内容生产面临新兴媒体的挑战。在这样一个"全民是记者"的时代，新闻信息采集、编辑整合、播出的门槛明显降低，广播电视台对新闻资源的垄断性占有优势不再明显，职业记者的新闻专业度在此冲击下也显得弱化不少。特别是在面对重大突发性新闻事实时，相较于电视媒体，新媒体终端在实时接收和发布新闻讯息方面的优势便得到进一步凸显。

此外，由于一贯的采编播惯例，传统广播电视媒体报道的内容和形式形成了一套较为固定却略显僵化的标准和流程，也在一定程度上导致了社会化媒体的影响力顺势扩大。新媒体之所以引人注目，不仅在于其对传统传播理念的颠覆，更在于其培养构建了受众新的媒介使用习性，虽然新媒体的信息传播存在信息碎片化、信息繁杂难辨的缺点，但其在目标受众的指向性、信息传播的即时性以及因热点互动带来的大规模集群效应等方面，都远胜于传统广播电视媒体。此外，新媒体逐渐改变了人们获取信息和选择信息的方式，而对于新媒体的依赖性一旦养成，便难以逆转。

（一）供应商的议价能力

广播电视台的产品主要是广播电视节目，"供应商"指的是新闻事件和被采访的对象，而新闻工作者则对新闻事件的参与者进行采访，这是一种职能行为，不存在议价行为，因此广播电视台与供应商不存在任何竞争关系，而是一种约定式的合作关系。

（二）购买者的议价能力

因城市广播电视台兼具公益宣传职能和经营创收的双重属性，故广播电视台制作的节目购买者有以下两类：第一类是立足于广播电视台的公益宣传属性，购买者是与广播电视台联合开办栏目的单位，这些单位需要向广播电视台提供一定的节目合办经费，用于电视节目采编播过程中产生的人力、物力等项目支出，由于经费使用去向明确、标准固定，因此这类购买者议价能力并不突出；广播电视台节目产品的第二类购买者，是向广播电视台投放各类商业广告的企业和商户，在新媒体兴起、强势分流传统广播电视受众的背景下，传统广播电视受众群体逐渐缩减是显然可见的事实。

企业投放广告首选的平台能够反映出企业对媒体平台流量的判断。在广告投放方面，这类购买者选择城市广播电视台投放广告的比例处在一个相对较低的水平。网络新媒体、社交媒体和在线视频正在蚕食传统广电媒体的广告份额，这意味着购买者认为城市广播电视台目前的流量和受众群体相对较窄，这样的观念也直接导致了购买者的议价能力比较强。

（三）潜在竞争者进入的能力

广播电视台是主流官方媒体，公信力强，其潜在的竞争者是公信力与其比肩的各级各类政务新媒体。当前，各机关单位、企事业单位以及社会团体都在积极探索运营认证对外宣传的平台，以微博、微信、手机客户端为主要形式的政务类新媒体不断涌现，成为组织机构及个人对外发声、宣传的重要渠道，这些政务类新媒体便成为城市广播电视台发布官方信息的潜在竞争者。

（四）行业内竞争者现在的竞争能力

在信息传媒行业中，信息传播的时效性、获取信息的便捷性、发布信息平台的可靠性等因素构成了信息传播主体的综合竞争能力。地方广播电视台在行业内的竞争者分布，主要是来自上级广播电视台的收视竞争，因而行业内竞争者的竞争能力较强。地方广播电视台主要将辖区范围内的受众群体作为主要受众群体和主要目标市场，将以当地受众关注的热点新闻事件为基础形成的广播电视节目作为主打产品。

第五章 融媒体时代广播电视语言的变化

融媒体时代下更加侧重于对各种资讯的快速更新以及各个媒体平台的资源共享,这在一定程度上也对广播电视提出了更高的要求与标准。广播电视语言的变化发展,会对融媒体平台的信息传输表达能力产生直接的影响,因此必须对其引起足够的重视,不断提高广播电视语言能力与水平,满足当前社会对媒体的要求。本章分为融媒体时代的语言思考、融媒体时代广播电视语言的变化、融媒体时代广播电视语言传播的个人风格三部分,主要包括语言与媒体、融媒体时代的图形语言等内容。

第一节 融媒体时代的语言思考

一、语言与媒体

语言是媒体信息传播得以实现的重要载体。人们最熟悉的媒体有电视、广播、报纸、杂志、互联网、手机、邮件等。随着社会的发展,媒体在不断地演变。人类科技的发展和进步,不断更新媒体的种类和性质。作为最传统的媒介之一,纸媒体在传播历史中具有基础而先驱的地位。

科技进步促进了电的普及,从而促进了广播、电视等的发明和应用。互联网的出现推进了信息传播的速度和范围。以不同形式使用的语言有不同的分门别类。语言是日常生活中人们离不开的表达工具。然而日常语言与媒体语言的不同之处较明显。媒体语言不仅具有规范性、严谨性、准确性等特点,而且是民族语言发展和使用现状的缩影。

报刊、电视、网络是三种主要媒体传播途径。不同媒体所使用的语言也各具特点。传统纸媒体通过文字传播信息，电视和网络媒体则以口语和文字相结合的形式传播信息。纸媒体是较传统的新闻传播方式，其覆盖范围相对较小，传播速度相对较慢。随着科学技术的发展，电视网络覆盖范围逐渐扩大，信息传播速度不断加快。电视媒体的传播效率毋庸置疑。移动网络终端给人们的便捷度和需求量带来质的飞跃。网络媒体的传播力度现已超越电视媒体，网络媒体成为当今人们不可忽视且轻易脱离的信息接收渠道。

报纸、电视、网络是人类媒体事业发展的渐进过程和阶段。纸媒体语言能使人们对语言的了解追溯到较早期的语言发展时期。相比电视媒体和网络媒体语言，纸媒体语言没有声音和影像画面，将语言仅以文字形式表示。虽不像电视和网络一样可以使语言表现更加灵活，但是纸媒体语言可以使人们了解过去的语言及其阶段性的发展和变迁情况。

随着科技的发展，人类已不满足于跃跃纸上的语言文字。语言不仅仅是文字，也是声音与行为结合而成的言语。通过图文并茂的电视媒体，人类将语言与使用电子技术传送活动的图像画面和音频信号的设备相结合，不仅将语言的文字符号和语音符号同时传达，而且满足人们对语言的听觉和视觉感受。网络时代循序渐进地、不知不觉地将人类领入一个全新的、零距离的空间。相比报纸和电视媒体，网络媒体的迅速发展使得人们可以通过科技和语言随时随地接收新闻信息。

与传统媒体不同的是，在网络时代，人们还可以随时随地、不分职业和角色地以浏览、互动、传播和创造等方式参与网络新闻。在当今几乎人人拥有一部移动媒体终端设备的时代，在看到一则新闻消息或通信信息时人们可以立即做出回应和反馈，从而这一行为活动不仅使网络空间的语言使用异常活跃，而且使语言的类型愈加丰富。随着网络的渗透，人人都可以成为网络新闻、网络消息、网络语言的创造者、传播者和使用者。媒体事业的发展与人类的语言活动形影不离。如果说纸媒体和电视媒体时代中人只是新闻和信息的接受者，那么网络时代给人类增添了角色——新闻和信息的创造者。人们不满足于只是一个新闻的接受者，从而通过科技一跃成为媒体领域内最积极而活跃的一分子。

在媒体领域内对语言变迁的探讨，离不开通过语言文字所表达的内容变迁，也与语言文字内部的词汇、组词特点的变迁息息相关。说到语言文字本身的变迁，词汇的变迁是绕不开的论题。大量吸纳进来的外来借词是一民族语言文化中独具特色的部分，也是可以体现一民族语言文字发展历史和变迁的窗口。

关于借词的研究，包括外来词、语言污染、语言净化、中间语言、国际社会

第五章　融媒体时代广播电视语言的变化

辅助语、语言规范等多范围的议题。借词不仅仅是社会语言相互影响的现象，也是相近或相异社会语言文化接触后的必然结果。借词是用来表达一种新概念时最常用的词汇。它不仅是语音上的借用，更是一种语义借用，它包含社会文化的深层含义。

借词不仅能体现语言本身的内涵，也是不同民族接触历史的写照，是民族交流、文化交流的见证者。费尔迪南·德·索绪尔在讨论语言的内部要素和外部要素时说到，我们不能因为没有外部语言现象就说不能研究或认识语言的内部机构。就借词来说，它不是一个语言的"不能没有的"要素，或者说是建立一种语言的"必需品"。但是将借词放到整体中，对语言进行整体性、系统性的研究时，借词与该语言的其他符号一样，可以不被算作某一语言的特殊成分。也就是说，借词的存在并不会影响对语言系统的研究。语言的这一特性并不难理解。

但是，如果从民族文化视角探讨语言的变迁，那么借词就是一种极为重要而不可被忽略的研究和探讨对象。借词不仅能体现不同文化对语言的影响程度，也揭示语言发展不同历史过程。爱德华·萨丕尔曾说过，借用外国词总要修改它们的语音，一定会有外国音或重音上的特点不能适合本地语音习惯。其实也可以理解为，一种语言借用他国语言词汇时除了部分词汇可以被直接借用外，还有一部分词汇并不能照搬照抄地直接用于该语言中，须得"入乡随俗"地进行一番调适，从而使得借词在该语言中的使用不会显得突兀和格格不入。

二、融媒体时代的图形语言

（一）图形语言的概念

图形，英文拼写是"graphic"，其基本定义可以解释为通过书写、绘图、雕刻和印刷产生的解释性图形标记。图形可以是功能性的，也可以是艺术性的。前者可以作为记录的版本，如照片。而后者则由艺术家来进行解释并创作，在这种情况下，与虚构图形的界定区分可能会变得模糊。

图形，在这里指的是图而成形。自人类诞生以来，通过图形语言来进行可视化的传播一直是传达信息和具体思想的有效途径。由此可以看出，图形语言与人们经常说的艺术品在本质上是有所不同的。艺术品经由艺术家之手被创造出的主要目的是展现"美"，这种"美"可能是反映社会现状的，也有可能是反映日常生活的。这与图形是不同的，图形是一种工具，是一种非常有使用价值的工具，像文本、语言和其他媒体一样，它们被赋予了一定数量的信息，并且它们的存在就是为了传达这些信息。在使用上，图形需要经过适当的编辑和排版，才能在社会上进行传播，以实现其最终的设计目标。

（二）融媒体时代图形语言的动态化转向

图形语言动态化设计正在成为当今社会的主流设计形式之一，其所蕴含的意义，用视觉艺术来形容，已经有些不恰当，应该称为"视觉文化"。设计师在其中不仅传达所想表达的信息，还包含所想表达的观念与情感。这种观念与情感通过动态化的形式，以最新的媒介为载体，不断刺激着我们的感官，过去以看为信息获取源的时代已经过去，多感官的信息传播散放出了勃勃生机。

1. 时间角度上的感官感受

一般来讲，在广义上来说，时间是物体的运动、变化的顺序性、持续性的表现，包含"时"（时刻）和"间"（时段）两个概念。无论是影视、动画还是动态图形，在时间上的概念都是指对运动的节奏和顺序进行创建和记录后的安排和控制。

在动态图形设计中，设计者根据某些新的视觉原理或新的美学知识，在大脑中将既定的静态画面演绎成一个动态的视觉形象。所以可以这样认为，动态图形之所以为动态图形，就是因为静态图形在其基础上加上了时间的概念。时间是动态图形的基本因素，有了时间这一尺度，图形语言才能演绎变化。

动态图形艺术中的时间单位类似于电影和动画作品，它们都是基于"帧"的。图像是静止图像，而不断变化的静止图像就成了动态图像。在时间轴上显示连续的图像，以线性方式表示时间的流逝，在动态图形中设计时间就是通过图像的组合来再现时间的运动的。在日常生活中，人们是无法真正感知到时间这一维度的，它既看不见，又摸不着，只能通过其他事物的变化（如日出日落）来进行感知。动态图形就是借由这种感知，来进行信息传递的。当然，这里讨论的形式是由动态历时性的运动所形成的整体形象，而不是单独的图像。由这种形式形成的美感可以使受众直观地感觉到。

在时间的长短上，动态图形是不能与影视一类的作品相比较的，这就要求动态图形必须在短时间内有效地向观众传达所需的信息或观念思想。因此，这种特性要求动态图形必须高效，要通过一些技巧在数秒内传达完整的信息，并给受众留下最为深刻的印象。为了达到这一要求，就需要在时间上进行严格的控制，力求每个静态画面都是一幅优秀的静态作品。

第五章　融媒体时代广播电视语言的变化

同时，更需要对画面运动节奏进行严格的把控。就像乐曲不能少了韵律一样，节奏感在其中是至关重要的。动态图形是通过组织静态图形，在时间流逝的角度上进行演绎的。随着时间的流逝，通过添加、改变不同的图形元素，使它具有节奏感。这就是为什么动态图形设计的步伐可以吸引和引导人们注意力的原因。

2019年的Mnet亚洲音乐大奖的亚洲音乐主视觉作品，展现了图形运动的节奏感。在作品中，设计师将音乐的旋律通过计算机进行演算，形成不同变化的网状图，以此来变现节奏感。主体图形则采用分形的手段，进一步加强了其节奏感。在颜色上采用了与黑背景相反的高明度、高纯度的绿色和紫色，在视频中混以极快的动感旋律，给观众以视觉、听觉双重的刺激。开场视频直接让整个现场"燃"了起来。

2. 审美体验上的意识交互

艺术乃是一种视觉形式，而视觉形式又是创造性思维的主要媒介。图形语言动态化是对图形语言的二次解读，是图形语言新时代的延续和发展。

在交互功能上，图形语言动态化使信息的传播更加有趣，同时也在一定程度上终结了审美艺术活动的隐秘性，大家可以更好地分享对设计作品的感受。它创造了一种互动的、共享的新行为美学。当然，图形语言动态化必须遵循相应的美学原则：艺术美的本质是形式的超越，是人性和人际关系的升华。因此，在融媒体时代背景下，图形语言动态化的视觉语言必须充分了解艺术审美的多元化和技术手段的多样性，深刻理解传统的美学原理和现代的审美趋势，将二者融会贯通，以便探索这一现象。

穹幕影院未来电影院发展的方向之一——360°空间是韩国首家的360°沉浸式影院，利用最新型的镜头技术以及实时渲染技术，使观者真正以为沉浸其中，体会其独到的审美效果。当观者步入其中时，整个人仿佛融入了一场真实的梦境、一场现实中的梦境。全方位地置身于场景中，使人如梦似幻。在意识体验上做到了真真正正地与作者对话，与作者进行了交流，在其中仿佛能看到设计者制作的全过程。

动态化图形在融媒体时代的传播已日益塑造了虚拟现实的动态美学和互动式的运动美感，不仅创造、发展了一种传递视觉信息的新方式，而且改变了其传播模式，彻底改变了公众的审美意识。当今的数字计算机技术将虚拟现实技术带进了日常生活中，使人们能更好地欣赏设计作品，这将不只是一场视觉上的盛宴，在听觉，甚至嗅觉、触觉上也是用心地感受。这不仅是对过去设计审美上的突破，同样也是对传统美学的发展和扩充，使观众更乐于其中、感受其中。

第二节　融媒体时代广播电视语言的变化

广播电视语言是朝着多元化的方向发展的。媒体类型的不同、节目种类的不同、节目内容和形式的差别以及目标受众的细化，都对节目播音员和主持人的语言交流方式和语言风格提出了不同要求。可以说，随着节目的丰富，广播电视语言形式和语言风格的多元化是不可避免的。

根据语言功能粗略划分，目前存在于各类节目中的广播电视语言可以分为以达意为主的新闻评论语言、以感染受众为主的艺术语言和以相互沟通交流为主的即兴口语。这三种语言形式有时在节目中独立存在，有时在节目中相互融合。三种语言形式对于语言的规范要求也不相同，形成语体差别。

广播电视媒体发展到今天，其触角已经深入社会的各个角落。媒体的平民化使得广播电视越来越像社会生活的一面镜子，各个阶层都试图在其中找到自己的影子，试图参与到节目中，生活语言会越来越多地进入广播电视节目中。作为节目传播者的播音员和节目主持人，不可能不受到各种语言形式的影响和制约。

语言风格的多元化会造成杂乱无章的表面现象，各种观点也在激烈碰撞，有时让人难以做出正确的判断。国内的广播电视正在经受着这种剧烈变动，只有经过时间的考验，合理的规则和秩序才能建立。不管将来的广播电视语言会发生什么变化，"播"与"说"并存，语言风格多元化是不会改变的。

广播电视语言变化的具体表现分为三点：一是由单一到多元，二是由"播"到"说"，三是由附属到主导。

一、由单一到多元

延安时期，主持人播音风格较为单一，基本上以"爱憎分明、生动有力"为特点进行播音主持；到了和平建设时期，有所改变，"规范清晰、朴实流畅"成了播音主持的语言特点；20世纪六七十年代，语言风格又发生了变化，"高、平、空""冷、僵、远"成了语言风格的主旋律，而改革开放后，"降调"和以人为本又成了主旋律。

在融媒体时代背景下，传媒事业大发展，平面媒体、电子媒体等新媒体都不甘落后，传播内容也是五花八门，传播方式层出不穷，使播音员主持人的语言，无论从风格上还是从样式上，都从单一走向了多元。

二、由"播"到"说"

从 1976 年 7 月 1 日开播至今，中央电视台《新闻联播》已经有 30 多年的时间了，老一辈播音员最注重的播音风格是"字正腔圆、庄重严谨"，如齐越、夏青。年轻一代的播音员在字正腔圆的基础上多了一些创新，整体风格具有亲和力，语音语调中偶尔会透露着情感的表达，如播音员康辉、李梓萌等。1998 年初，凤凰卫视《凤凰早班车》的主持人陈鲁豫创造了"说新闻"这种新模式，也为新闻节目注入了新的活力。鲁豫每天要亲自参与选题的选择、文字稿件的编辑。最后还要形成节目的文案，整个流程他都参与其中，而且起着主导作用，这正体现了一个主持人优秀的口语表达、过人的记忆力以及综合能力的体现。凤凰卫视总裁刘长乐说："鲁豫说新闻风格将在中国电视史上占有自己的位置。"

从"说新闻"这一种全新的风格被创造之后，从中央台到地方台竞相仿效，从非常态新闻开始延展，并且主流新闻，如《朝闻天下》《24 小时》《环球视线》《世界周刊》《焦点访谈》等也增加了"说"的成分。不仅仅是新闻节目，随着各类型节目的丰富，在播音员主持人的语言风格中，"说"占据了非常重要的位置。

第三节　融媒体时代广播电视语言传播的个人风格

一、融媒体时代广播电视语言传播分析

（一）语言传播的类型

语言传播类型主要包括以下四种。

1. 类语言

类语言又称伴随语言，通常被定义为一种有声但没有固定语义的特殊语言。可以说，类语言在信息传递中起着决定性的作用。俗话说"重要的是你说话的方式，而不是你所说的内容。"这里的方式实际上是指类语言。例如，"你真漂亮"可以用来表达赞美和肯定。如果你改变语气，它可以用来表达讽刺和挖苦。因此，人们在实际交际中往往使用类语言来表达自己的真实意图。广播电视语言也是如此，在声调、重音、停顿、节奏、语气、语调、数量、速度、节奏等语言技能上要准确得体。

2. 环境语

任何传播活动都是在一定的环境中进行的，因此环境语是语言的一种重要形式。播音员、主持人与合作伙伴、嘉宾与参与节目的听众、观众之间的距离是一种环境语言。只有懂得距离和环境语言，才能营造轻松愉悦的主持氛围，更好地控制场景节奏。当播音员、主持人在节目现场接近他的搭档或客人时，他的搭档或客人会感到他很友好；如果他离得很远，就会感到疏远。比如，在某档节目中，主持人邀请被采访者上台，他们在观众中间代表观众提问，并将内容连接起来。这种方式可以让被调查者自由发挥，增强观众的参与感。

此外，环境语言中的语言还包括声音元素、色彩、布景等声画语言。特别是在电视节目主持过程中，声画协调构成了动静、虚无、情感与场景、时间与空间的统一，扩大了信息量，丰富了播音员、主持人的情感环境、色彩、节奏、氛围，增强了表达效果。

3. 体态语

体态语，是指肢体语言，如面部表情、动作、姿势、身体空间距离等，作为传递信息、交流思想感情的辅助工具。人体语言有一定的共性。不同语言、不同地域、不同文化的人在一定程度上可以通过肢体语言进行有效的交际。但是，常见的肢体语言主要是指一些先天的动作（如开心的微笑、痛苦的哭泣）和自发的动作（如抱臂抱胸、交叉双腿等），而更多的肢体语言是后天习得的，植根于民族历史文化传统和社会宗教环境，因而有了自己的民族特色，自然也就产生了身体语言的文化差异。在跨文化交际中，身体语言的差异，会导致产生误解。

主持人的肢体语言主要有四种功能：①辅助认知功能；②直观的解说功能；③传播功能；④审美功能。

4. 客体语

客体语是指人们身上不是由人体所产生的，而是对人的交际产生影响的各种因素，包括妆容、发型、配饰、服饰等，也就是人们常说的外表。着装和化妆也可以间接和含蓄地表达一个人的情绪，这些通常携带某些信息。

广播电视语言不仅能传达主持人的审美情趣和气质，还能帮助观众形成节目的品牌形象。客体语摆脱了主持人单线性的传播方式，而且颠覆了过去人们对主持人呆板、单调生硬的固有印象，体现主持人健康高尚的审美情趣，与节目内容保持一致，才能得到观众的喜爱。同时，主持人着装作为主持人形象设计的重要因素之一，应与节目气氛和场景环境相协调。

第五章 融媒体时代广播电视语言的变化

(二) 语言传播的功能

播音员、主持人在传播效果呈现、受众黏合程度以及传播影响力方面都发挥着不可或缺的作用。但是互联网和移动终端普及下的融媒体时代，正在深刻地影响着信息生产方式、媒介传播模式以及传媒产业的格局，这给播音主持传播功能提出了新的要求，同时也给播音主持传播功能带来了新的变化。

1. 传播功能的要求

首先，要扩大语言传播的影响力。面对稍纵即逝的受众群体，如何吸引受众的好奇心，牢牢掌握住受众基数，扩大语言传播的影响力就显得尤为重要。播音员、主持人通过提炼冗长、复杂甚至雷同的信息，进行更具可视可听的解构和组合，运用丰富的表现手段，如链接、数字、可视化图表等，采用视频、音频、H5等媒介方式，加以表述和评论并总结出自己的观点，在传播的同时，关注受众的反馈，及时调整传播的节奏，用受众喜闻乐见的语言表达方式，完成信息传播的过程，不断扩大语言传播的影响力。

其次，要具有前沿的思维和眼光。随着科技的不断发展和媒体融合的不断深入，信息的生产方式、传播模式都发生了变化。播音员、主持人要时刻走在时代潮流的最前沿，要时刻关注着最前沿的传播手段，关注由科技进步带来的信息交互的变化，不断尝试新的传播表达方式，同时不断提高自身媒体运用的能力，充分利用短视频、网络直播、人工智能、视频日志等形式，将传统媒体与网络手段贯穿到传播的全过程中，用创新手段提升传播效率。

最后，要积极参与到媒介融合的传播格局中。从节目的更新改版周期就可以预见传播方式带来的传播格局的变化。在互联网还未普及的时候，传统媒体一直占据着主流，受众获取信息的渠道只有广播、电视、报纸，那个时候一档节目一年，甚至三年、五年都不会发生变化，但依然可以有很多的受众，这是局限于人们获取信息的方式。但互联网带来的传播变革可以让受众通过越来越多的方式获取信息，五花八门的信息市场也让受众有了更多选择的机会。一档无法留住受众的节目就会被快节奏的传播周期淹没，而这种传播方式也会被这个时代淘汰，所以一档节目想要生存，就必须主动融入传播格局中，播音员、主持人要充分运用新媒体手段扩大播音员、主持人的传播影响力。

2. 传播功能的变化

融媒体打破了媒体之间原有的壁垒，呈现出非线性的传播模式，在这种情况下要敢于突破原来的舒适圈和固有的模式，懂得尊重，善于倾听，让交流和表达更具人文关怀,让受众感受到更多的温度,同时要不断尝试新的传播手段,实现多种媒介和多元样态的多维传播。

(1)从信息发布者到内容生产者的转变

播音员、主持人一个很重要的核心功能就是通过有声语言和副语言来进行信息的传播,也就是信息的发布者。但是随着媒介融合的不断深入,信息发布的平台变得简易而且多元,播音员、主持人信息发布的功能逐渐被削弱,如何提升播音主持传播功能的价值,就需要播音员、主持人实现从信息发布者到内容生产者的转变。

短视频的制作成本低、周期短,让播音员、主持人独立完成一档节目成为可能。节目不再单纯地进行信息的播报,而是深度挖掘人物的故事,从节目的设计、拍摄到传播的效果,充分考虑到融媒体环境下信息获取的碎片化,通过短视频的方式,将故事拆分成多个主题关联、内容独立的部分,满足受众伴随式场景下的信息获取需求,成为内容的生产者。

(2)从节目参与者到进程主导者的转变

播音员、主持人在一档节目制作及播出的过程中发挥了推动节目的进程,体现节目的意图,实现对节目节奏把控的作用。但是在传统节目中,播音员、主持人的参与度很低,有的只是完成节目串联,进行有声语言的创作,发挥的作用很小而且随时可以用其他方式取代。如何强化播音员、主持人在一档节目内容传播过程中的地位,这就要求播音员、主持人实现从节目参与者到节目主导者的转变。融媒体的发展,为播音员、主持人从节目参与者到节目主导者的转变提供了契机。

短视频的兴起,为播音员、主持人实现转型搭建了平台,播音员、主持人在获取信息的第一时间,就可以进行节目的创作,并且借助本身的资源优势和平台优势,主动转变自身的功能,完成节目的主导,引导受众融入传播行为中,运用不同的表达技巧和表现手法,完成传播行为。

(3)从一专到多能的转变

互联网的发展带来了生产生活方式的变革,由此产生了许多新兴职业。伴随着融媒体发展而来的网络主播,就是其中的一种。在网络直播趋势下,越来越多的传统节目播音员、主持人开始做起了直播带货。直播带货这种新的传播活动的出现,让播音员、主持人必须具备更多的技能,来适应网络直播的新环境。受到新冠肺炎疫情的影响,多地的出口商品、农副产品等出现了囤积和滞销的情况,央视就组织了多场直播带货活动,由央视节目主持人担任主播,在其中一场由康

第五章　融媒体时代广播电视语言的变化

辉、朱广权、尼格买提和撒贝宁担纲主持的直播活动中，3个小时的直播中销售额高达5亿，这惊人的销售成绩既是因为央视作为中央主流媒体有强大的资源优势和信任背书，又和主持人自身优秀的专业能力息息相关。

第一，在一场直播带货活动中，播音员、主持人首先要完成与商家的沟通协调，确定好直播中需要销售的商品，同时要进行大量的市场调研，了解目前该商品在市场上的销售情况如何，并确保商品的质量，严把质量关，让受众买到价格适宜、质量有保证的商品。

第二，在直播带货过程中，要进行销售氛围的营造，不仅要做到对商品进行针对性的讲解，同时要树立自身的公信力和影响力，让受众观看直播、听了讲解之后有购买的欲望，这同样要求播音员、主持人要有具有感染力的语言表达技巧。

第三，要让直播带货的节目观赏性像综艺节目一样，让受众产生浓烈的收看兴趣，而不是单纯地为了销售商品而进行直播带货行为，要让直播的过程更具视听效果，以一档综艺节目的要求和标准来完成一档直播带货活动。

（三）语言传播效果的影响因素

1.外在影响因素

（1）媒体技术的融合使传播效果更加广阔

在这新一轮变革面前，媒体将呈现新一轮洗牌局面。主流媒体不仅要成为"全媒体"，而且要成为"全程媒体、全息媒体、全员媒体、全效媒体"等"全媒体"，从而放大目前所具有的传播力、引导力、影响力和公信力优势，以获得更大的成长空间。

广播电视节目会随着社会环境的变化以及技术进步而不断发展，不断地适应当下的环境、不断突破技术的阻碍，当然，相应的关于数字化、智能化的政策也会随着媒体技术融合的不断探索前行而做出相应的调整和优化，以此来更好地规范和帮助广播电视节目的升级创新。要继续抓热点内容，建设爆款节目，丰富广播电视节目媒体技术体系，创新媒体技术手段，全面开发各时段资源的节目价值。

以苏州电视台新闻节目《乐活六点档》为例，该节目利用媒体技术的融合构建了一个播音员、主持人主持与交流的"电子社区"。播音员、主持人的传播阵地从传统演播室向各种社交媒体平台蔓延，内容供给力大爆发，同时，内容的广度也在不断扩大。正如所看到的那样，更多能够满足用户需求的平台正在为内容带来更多的输出窗口，越来越多的自媒体成为节目信息生成的主力军，节目信息的边界不断得到扩张，不断帮助媒体和用户之间加强链接，拓展多元化盈利模式。而媒体技术融合下的播音员、主持人能让整个传播过程更加富有个性，科技的融合为广播电视节目播音员、主持人语言传播提供了更广阔的舞台。

（2）与受众的融合使传播效果更加深刻

人们生活在现实生活中，他们的行为必然与周围所有的人有着各种各样的关系。在不同的社会关系中，人们的角色定位是不断变化的，人们的形象不是单一的平面，而是复杂多变的，在新媒体时代，广播电视节目播音员、主持人不再仅仅存在于收音机以及电视屏幕前，而是出现在全媒体的每一个媒体平台上。播音员、主持人将以不同的角色形象适应不同的媒体特点，形成一个立体化、多元化的播音员、主持人个性形象。

个性越多元、越丰富、越立体，越接近真实的人，越接近具有社会属性的人，越接近能够实现社会发展的人，越是具备沟通能力的人，而不仅仅是收音机和电视屏幕里的形象。例如，以无锡广播电视台《第一看点》节目为例，主持人不仅是屏幕前的信息传播者，还是微信公众平台和微博的管理员。主持人每天与各行各业的记者进行联系，并在社交平台上与听众、观众进行实时沟通。在这个过程中，主持传播不仅是一种正式的广播，而且是普通人与各种媒体受众之间的点对点传播。这也是融媒体时代，广播电视节目主持人通过不同媒体的立体呈现，让主持人实现个性回归。与受众的融合使传播效果更加深刻，终结了传统节目"我在台上讲，你在台下听"的节目表达方式，而是通过将节目信息经过创意策划巧妙融入受众与媒介所在的环境场景中，透过不同形式的刺激和强化，激发受众对广播电视节目内容的强烈兴趣，从而实现与用户的沟通和对话，不断调动受众的参与度并提升受众与广播电视节目的互动交流的体验。这种基于用户时间场景、地点场景、行为场景、连接场景的实时化、全方位、立体式的创新理念，实现了广播电视节目独特的趣味性、游戏性、互动性，增强了受众对品牌的强烈关注和深刻记忆。

2. 内在影响因素

（1）主动的受众是传播效果的必备条件

德国哲学家弗里德里希·威廉·尼采有一句经典名言："当你凝视深渊时，深渊也在凝视着你。"这句话可以从很多角度去解读和发挥，同样也可以看成对播音员、主持人与广大受众关系的生动写照。大众传播媒介有着极强的传播效果，传播效果研究早期的子弹论认为，传播就像子弹，它可以毫无阻拦地将信息、情感和思想射向坐以待毙的受众，受众只是被动地接受一切。然而节目播音员、主持人与受众的关系却不一样，可以说，播音员、主持人与受众互为眼睛和深渊，共同存在于"传"与"受"的互动空间之中。

在大众传播行为中，受众是以群体的形式存在的，因而把握受众群体心理的特点对大众传播来说很有必要。受众群体心理有两层含义。一是受众所处的社会群体成员共同的心理特点。这一群体有不同的划分方法，比如年龄，如儿童、青年、中年、老年；比如社会阶层，如知识分子、工人、农民、学生等。二是受众作为大众传播媒介消费群体的普遍共有的心理特点。

一般来讲，节目受众的群体心理，有以下特点：容易接受暗示；从众心理；逆反心理。

理解了节目的受众，还要了解受众的需求。美国社会学家卡茨曾提出"使用与满足"理论，他认为，受众是有着特定需求的个人，受众接触媒介的活动是基于他们特定需求动机的，媒介的使用也是有目的性的，他们通过媒介使自己的特定需求得到满足。西方学者卡茨、赫斯和格里维奇总结了关于大众传播媒介的社会及心理功能的研究，选出了受众对大众媒介的35种需求，并将其分成五大类：认知的需要、情感的需要、个人实现的需要、社会整合的需要、舒缓压力的需要。

具体来说，目前中国广播电视受众的主要需求包括以下几种：提供信息、监测社会；协调社会、发展合作；传承文化、普及教育；社会交往、宣泄情绪；娱乐身心、享受美感。从这些受众需求来看，播音员、主持人在进行主持传播活动时可以通过多方面、多层次为受众提供满足。

受众期待从播音员、主持人主持节目的过程中获得现代高水平的艺术信息，希望能够欣赏到有品位、有技术、有魅力的艺术表演、获得身心的享受，从而提高自身的艺术修养。由此可见，受众的自主能动性是播音员、主持人语言传播效果能够实现的根本原因。

（2）经济利益是传播效果的客观需求

由于节目需要收听率和收视率，经济利益也会影响广播电视节目播音员、主持人语言传播效果。几乎所有的广播电视节目都非常重视收听率和收视率，广播电视节目失去经济利益必然导致节目慢慢失去市场直至完全消失。经济利益是传播效果的客观需求，在互联网和社交媒体上，可供受众获取和推广的节目信息远远超过了他们过滤和消化这些节目信息的能力，通过创新广播电视节目播音员、主持人语言传播模式，重视与受众之间的交流互动，为受众创造了一种更加身临其境的体验，帮助广播电视节目与受众重新建立联系。

经济利益是传播效果的客观需求，融媒体时代下广播电视节目播音员、主持人语言传播效果依靠内容优势、节目价值和忠实受众，收听率和收视率与经济利益必将遥遥领先。积极参与社会事务，挤占传统媒体传播空间，融媒体平台进一步凸显多元化的发展态势，短视频平台、直播平台、社交平台等都为新媒体营销提供了媒介。同时，每个平台都培育出在用户群体中具有影响力和话语权的意见领袖，作为营销主体之一，播音员、主持人通过宣传、带货的方式直接带动消费，可以实现广播电视节目经济效益的转化。

（3）播音员、主持人的有效语言是传播效果的直接动力

播音员、主持人话语的多少，口语内容的多少，叙事话语的多少，播讲话语的多少，也会影响播音员、主持人语言的传播效果。多数情况下播音员、主持人的语言应讲求高效、有逻辑、生动和内容丰富，要有前因后果，让受众知道你在表达什么，而具有社会共识的事物就可以使语言的运用简化些。但随着广播电视节目的发展，有一种新的语用策略出现，就是完全没有有效逻辑性的两句话因为具备笑点被放在一起，造成受众的期待落差，从这种落差矛盾引起幽默共鸣。

例如，辽宁广播电视台《第一时间》周运在报道歌手汪苏泷新歌时模仿了他的歌曲《小星星》"你就是我的小星星，'两元两元'挂在那天上放光明，'全场两元'"引发全场爆笑。其实"两元两元"和"全场两元"都不是原有的歌词，而是在模拟小县城街边摊贩上的喇叭宣传低价折扣。这种前后毫无逻辑的语句无厘头一样穿插在一起，成了播音员、主持人的有效语言，传播效果的直接动力。

（四）语言传播效果的优化途径

1. 重视知性表达

从字词、句段到篇章，再到各种类型的语言体裁；从节目的构架到话题的组织，无一不是对主持人语言感受力的考验。从新闻评论到诗歌散文，不同体裁的文章，不同的样态，都要求主持人对文本的内容形式、受众的鉴赏水平、有声语言的表达样态等各个方面进行全方位的深刻理解和全面感受。

有声语言的表达，要求传播主体必须对文本主体"有动于衷"，有感而发，既要有神还要有形。因此，播音员、主持人要树立"神寓于形"和"形达于神"的观念。播音员、主持人只有对文本内容进行深刻理解和消化，才能够激发传播主体"非说不可"的内心冲动和播讲愿望，生动地传达出话语的精神实质，做到"神寓于形"；只有对有声语言的话语样态进行大量的实践，才能够寻觅出语言表层掩盖下的深层意蕴，做到"形达于神"。只有让想象的翅膀展开，让理性的

智慧迸发，对文本、对生活、对时代饱含热情和深情，对语言样态进行全方位、多层次的理解和感受，才能够做到与受众"共情"的知性表达。

2. 提升气质修养

"民族性"和"人文性"，是有声语言传播最终要传达给受众的"精神实质"。

所谓民族性，指的是有声语言在大众传播过程中所映射、所流淌的一个民族的本质和特性。有声语言和它所依存的民族共同成长。所谓人文性，就有声语言大众传播而言，指的是有声语言所包含、所体现的人的文化性。民族性使有声语言表达的历史感有了厚度，而人文性则使有声语言表达的时代感有了高度。

播音主持的语言表达，最容易陷入对具体的文字和字音以及对声音和技巧处理中，而缺失对"民族性"和"人文性"等精神实质的传播。若要使有声语言的"磁性"穿透力越过语音表层直达其实质，无论是以文字稿件为依托，还是即兴的口语发挥，都需有传播主体情感的倾注和理智的判断。这些理解和认识离不开所处环境和传统文化对其潜移默化的熏陶，更离不开中国人血脉中所流淌着的独有的情感文化内核。因此，传播主体若想让有声语言增添文化的韵味，创造文化价值，就必须树立文化自信，在心中留住民族文化之根，将民族性和人文性蕴含于个人气质之中。

（1）树立文化自信，形成文化自觉

正如张颂教授在《语言传播文论》中所提到的："我们的优秀民族文化传统，我们的主流意识形态，我们的本土话语特质，是人文关怀的核心内容和独特形式。"传播主体进行的有声语言传播，代表的是优秀的民族文化传统，是符合主流价值观的意识形态，传达出的内容要利于强化民族的凝聚力。

因此，传播主体必须树立文化自信，对中华民族的优秀文化传统和社会的主流价值观有着深度的认同，把弘扬社会主流价值和创造先进文化融入个体意识深处，使其成为一种文化自觉和创作习惯；必须明确传播导向，时刻牢记传播工作体现着文化，建构着时代，联系着历史，保证创作和传播内容具有价值关怀和人文精神。

（2）践行"四力"，提升综合素质

2018年，习近平总书记在全国宣传思想工作会议上指出，要"不断增强脚力、眼力、脑力、笔力，努力打造一支政治过硬、本领高强、求实创新、能打胜仗的宣传思想工作队伍"。这就要求传播者回到生活现场，参与社会实践，提升自己的内在修养，要用双脚来丈量新时代，用责任来传递正能量。

文生于情，情生于身之所历。只有下足苦功，增强脚力去孜孜探求，话语才有现实的温度；见微知著，明亮眼力去辨别是非，讲述才有独特的角度；拓宽视野，提升脑力去深度探寻，传播才有价值的高度；淬炼笔尖，深耕笔力去打磨故事，表达才有饱满的力度。

传播者通过锤炼和践行"四力"，去积累学问、丰富阅历、放宽眼界、开阔心胸，才能够提升自身素质，提高综合能力，让受众感受到传播者个人的大气和风度并自觉接受传播主体所带来的文化影响，达到人文传播的目的。

3.强化传播意识

虽说广播电视市场化是发展之必须，但是不应为市场所左右。语言传播主体传播世事变化，提供服务娱乐，是为人类生产、生活献上精神食粮，应该以净化人的心灵、陶冶人的情操、规范人的行为、纯洁人的语言为传播宗旨，将其作为语言创作的出发点和归宿。这就要求传播主体时时刻刻进行严格的自我管理，不断进行自我追问、自我质疑、自我判定、自我排查，强化精品意识，创作精品内容。

（1）强化社会意识

进入大众传播的有声语言和副语言不能不考虑规范空间的特殊要求。因为传播主体的前瞻性、引导性、实践性所衍生出的影响力，都会依托媒介的整体力量，作用于受众的认知、情感和行为。

大众传播具有巨大的社会影响力。当前的大众传播过多地卷入商业利益当中，将经济效益与社会效益等同起来。但是，社会效益和经济效益往往并不同步，受欢迎的并不一定是好作品。因此，传播主体必须坚持社会效益第一的创作和传播理念，如果社会效益与经济效益出现了矛盾，必须无条件地服从社会效益，以确保正确的创作方向和积极的传播效果。

（2）强化主体意识

大众传播最终落点在有声语言创作主体的有声语言创作中。也就是说，一切责任落实到人。有声语言传播主体应对自己的职责与作用有着清醒的认识，用自己的勇气和能力去担起这一重任。传播主体不仅要发挥独立性和能动性去提高自身的吸引力，塑造良好、专业的职业形象，而且要发挥主动性和创造性，对自己是否遵循并传播了主流价值进行自省和反思，创造性地进行有声语言的创作和传播工作，为受众提供正确的价值导向和行为指南。

（3）强化精品意识

播音主持语言传达给受众的应该是精深的思想、精湛的艺术、精良的制作。传播主体应该强化精品意识，自觉摒弃消极的意识和言行，吸收新鲜的创作理念和新颖的创作思路，在有声语言创作中，勇于克服各种困难，集中精力，全心投

第五章　融媒体时代广播电视语言的变化

入，追求精到的内容、精美的形式、精致的制作、精妙的表达。积极引导各阶层受众，满足他们的需要，为他们带去精神的享受。

4. 转变传播理念

市场经济背景下出现了"流量为王"的传播现象，为了抢占头条，博得受众的眼球，有些媒体和播音员、主持人甚至会发布虚假新闻，这严重打破了播音员、主持人的品牌影响力和公信力，造成受众的流失。播音员、主持人要始终秉持党性原则，坚持正确的舆论导向，立足人民大众，创作出服务于时代、引领社会正气的播音主持作品。

（1）提高政治站位，谨守行业规范

随着移动终端的普及，媒体融合的不断深入，越来越多的人可以借助手机等平台成为一名"网红"主播，这就造成了媒体从业人员业务素质和艺术修养的参差不齐，导致整个播音员和主持人的行业形象滑坡，一些低俗、媚俗、庸俗的内容出现于传播市场，形成一种不良的传播现象。

媒体行业主持人从业者提高政治站位，立足行业实际，谨守行业规范，就显得越来越重要。播音员、主持人作为党和政府的喉舌，承担着讲述中国故事、传播中华文化、弘扬民族精神的历史重任，要不断树立自身的公信力和影响力。越来越多的污点艺人让受众对于公众人物的形象出现大滑坡，播音员、主持人作为传递党和政府声音的重要媒介，更要谨守行业规范，承担起文化传播的社会责任，及时了解和判断大众舆论的风向和动态，及时为受众解决信息获取的需求，营造良好的文化传播氛围，积极引领文化传播的新风尚。

（2）分析受众心理，修正传播行为

融媒体时代，运用接受美学的相关理论，分析受众心理，了解受众需求，从受众的角度进行节目策划、环节设计并贯穿节目主持的全过程，用受众思维完成节目传播的进程；以往的节目会通过观众来信、听众来电等方式来接收受众对于节目内容的反馈，但是周期较长，且参与度较低。

随着新的传播手段的出现，可以通过即时网络互动、评论留言等方式，完成受众信息反馈的搜集，及时调整节目的内容和节奏。作为信息传播的最重要角色，播音员、主持人要有对碎片化信息进行有效处理和整合的能力，同时要结合自身的风格和特点，形成传播影响力，加强与受众之间的信息互动，及时调整主持节奏和传播进度，紧扣节目主旨，挖掘节目内涵，为节目内容服务。

（3）加强心理素质，适应网络传播特点

网络传播具有互动性、即时性、广泛性以及多元性特征，这就使越来越多的人可以通过网络平台发表自己的看法、提出自己的观点。以前播音员、主持人接收受众反馈意见的渠道和方式有限，随着互联网的发展，播音员、主持人在完成一档节目之后就可以看到受众对自己节目的反馈，这其中就包括积极的和消极的，而消极的部分也可能会演变成网络暴力。播音员、主持人在面对这些评论的时候应该考虑如何调整自己的心态，以更好的形象出现在下一期节目当中，而不是受到质疑就选择退缩和放弃。这就要求播音员、主持人要加强自身的心理素质建设，做到经受得住夸奖，也要经受得起批评，主动适应网络传播的特点，提高自己的心理承受能力，善于总结听众、观众提出的意见，并及时调整到下一次的传播行为中。

5.优化培育路径

（1）高校专业培养课程需要适应融媒体时代的要求

从广播电视节目的角度看，语言是播音员、主持人的灵魂。在新媒体时代，社会发展变得越来越复杂，播音员、主持人获取信息的渠道越来越多，而如何在复杂的信息中获取有效的信息是目前的主要内容。其中，新媒体的发展带动了网络语言的普及。一些节目的播音员、主持人在节目播报中错误地使用网络词汇，这不仅会对节目效果造成影响，而且易受到受众的批评。

网络语言的发展离不开网络环境，播音员、主持人要加强对融媒体的了解，避免使用不当的网络词语。在节目播报主持过程中，播音员、主持人需要具备良好的专业素质和现场适应能力。此外，节目结束后，播音员、主持人可以通过微博、微信等方式与听众、观众互动，让受众提出相应的建议或改进措施，使播音员、主持人能够改进节目，丰富自己的节目内容。

高校专业课程培养要适应融媒体时代的要求。

第一，不断提升师资力量。在播音员、主持人的培训中，高校培训体系不完善，许多培训教师的水平不高。在培训播音员、主持人时，要提高整个培训体系的水平，不断提升师资力量，培训教师要有节目播音员或主持人的经验。高校要加大高级人才的引进力度，在人才引进、扶持上给予一定的政策支持，为高级人才的生活、工作和科研提供更多的帮助、政策鼓励和资金扶持。

第二，有针对性地培训。在播音员、主持人的培训中，如果培训教师只对专业知识进行循序渐进的讲解，会在很大程度上限制学生的学习。培训教师应根据学生的差异进行培养，如播音员、主持人的整体形象和语言形象的培养，在肢体语言上，播音员、主持人要落落大方、仪态得体；在发音和言语上，播音员、主持人的语调要清晰、优美。这就要求高校积极组织教师开展教学能力培训活动，取长补短、共同学习，全面提高其业务水平。

（2）结合节目的市场需求进行培养

在播音员、主持人的培养上，要根据当前媒体发展趋势和当前广播电视节目的市场需求，加强新媒体产品的运用，确保培养的人才符合要求。应围绕卓越人才培养，根据市场需求，在师资队伍建设、基地建设以及合作模式等方面进行一系列的变革与创新。只有拥抱变革，融媒体时代下的播音员、主持人才能努力变革，不断积累，打造优质内容，护航主流价值，加强舆论引导，努力进一步提升媒体的吸引力、影响力和内容生产力，音量越大，主旋律越高，就越能产生积极的效果。

6. 拓宽传播思维

（1）导入受众思维

受众思维是决定节目能否达到广范围传播的一个重要影响因子。以往的单向传播模式，受众只能一味地接受信息，随着融媒体的不断深入，单向传播被打破，如何更好地和受众形成互动，成为信息传播的重要考量内容。这就需要节目人员具有受众思维，知道受众的喜好，抓住受众的眼球，把握住受众的基数。传统形式上的电视专题节目时长较长，讲述的故事具有连贯性，要通过电视机进行观看而且有固定的播出时间。

在融媒体背景下，受众对于信息的获取越来越碎片化，大部分人会利用伴随性的时间来完成信息的获取。通过将大段的专题片从内容上进行重新编排，切割成一个一个独立的小故事，在较短的时间内完成内容的传播，投放在网络、短视频等媒体平台，让受众在空闲之余就可以通过手机或其他移动终端进行观看，摆脱了时间以及空间上的限制。

节目人员可将短视频内容变得更加连贯、节奏更加紧凑，从受众的角度关注受众所乐于看到的内容，并在节目中完成解答，同时通过节目留言区的互动以及受众的需求，及时调整后续的节目内容，牢牢把握住受众群体。具体来讲，在节目环节上的设计，可以结合受众在评论区的反馈，及时调整下一次节目的内容，和受众形成互动，抓住受众群体。

（2）导入互联网思维

互联网思维是决定节目能否实现多渠道传播的重要影响因子。传统的传播方式太局限，科技的进步带来的不仅仅是生活质量的改变，同时也改变着传播的格局，出现短视频、人工智能、H5、小程序、全息影像等多种传播路径。要充分利用互联网手段，如云计算、大数据、区块链等，用互联网思维来实现多渠道、高效率的传播。

单就电视媒体而言，相较于传统的电视媒体只能通过电视这一种渠道进行播出，如今则是可以运用多元化的拍摄手段，增强了画面的可看性和观赏性；将短视频上传至移动媒体平台，增加了传播的渠道，从一定程度上扩大了受众面，从而形成更好的传播辐射，达到更好的传播效果。

具体来讲，互联网思维的导入主要表现在以下几方面。

第一，播音员、主持人树立"用户"意识。融媒体时代，虽然部分广电媒体在变革的道路中取得了一些成就，但更大部分的广电媒体依旧处于水深火热之中。面对庞大的受众基础，用户对于信息传播的形式、渠道、消费背景以及信息内容的本身都提出了更高、更新的要求。现阶段节目内容的制作和营销方式的变革要求播音员、主持人树立"用户"意识，不能再如以往那般仅仅停留在单纯的信息和娱乐上，如何给予用户个性化、专业化的服务成为突破的关键点，每一个环节都会出现新的盈利增长点。被一路唱衰的传统媒体在当今时代并非一无是处，依旧庞大的受众群体、多年的权威性和公信力、大规模的关注度和影响力以及国家政策的扶持，依旧是传统媒体区别于融媒体的核心竞争力。

融媒体时代下广播电视节目若能对媒介资源、播音员和主持人定位、传播策略进行有效整合，引发触及体制机制层面的深刻改革，走好融媒体道路，依旧能够逆风翻盘。传统媒体中的"受众"概念逐渐被"用户"概念所取代。因为融媒体时代下节目构建是一种"供求关系"，更像是一种商业行为。播音员、主持人所播报主持的节目更像是一种商品，用户可以在各种终端观看。

在这样的融媒体时代，播音员、主持人需要引入互联网思维，提高应对大数据思维的能力。正如李彦宏所想，"随着线性媒介时代的终结，传统媒体为王的时代也已经一去不复返，互联网新兴媒体给广电媒体狠狠上了一课，想要继续生存甚至有所发展，就必须臣服于时代本身"。播音员、主持人在主持传播中应以用户体验为王，从传播者本位向用户本位转变。互联网思维增强了用户的黏性，借助互联网发展、合作共享的特点，每一个参与的用户都可以连接在一起，形成一个由无数个点组成的巨大网络，从而带来无数的可能性。

第二，播音员、主持人的微融合大连接。在移动互联网时代，一方面，依靠国家政策推动、利用互联网高新技术不断加快微融合大连接脚步，提升播音员和主持人的竞争力，微信传播成为主流的传播方式，播音员、主持人的微融合大连接成为融媒体实现有效传播的前提。另一方面，融媒体环境催生了众多微信公众号，在微信领域天下大事、地方小事应有尽有，但直播的崛起让许多微信公众号进入了大众视野，比如"每日资讯简报""今日交口"和"微播资讯"等，一句"买它"

第五章 融媒体时代广播电视语言的变化

就能为商家带来不少创收,他们的意见在许多方面都起着至关重要的作用,懂得利用微信公众号表达主题内容与信息也不失为一种好的方法。同时,播音员、主持人在此种语境下也能够通过自身努力成为具有影响力的"大V",给广播电视节目冠上属于自己的标签,让自身魅力与节目融为一体,从而吸引更多的受众。微信已经成为应用最广泛、最具黏性的实时社交平台,成为广播电台和电视台沟通和连接受众和用户的平台。

播音员、主持人的微融合大连接作为一种"新媒体文化媒介",将其日常生活以微信的方式呈现给大众,受众在社会中对陪伴有所需求并且对主体信息和内容产生欲望的时候,受众的信息观念将越来越不同于传统的信息行为,融媒体信息传播或其他新媒体传播方式的广泛应用越来越引起更多受众观看,也引起这类播音员、主持人的微融合大连接的欲望,并在内外因素共同作用的框架下,在融媒体时代实施新的传播理念,通过对这一现象的进一步分析,形成了融媒体受众的这一接受主体信息和内容的模式。要实现"可发展"与"可持续"的制胜态势,融媒体平台必须以积极、健康、理性的方式引导受众。

第三,主持人主持传播的数据化。现有广播电视节目已经数字化了,主持人主持传播也正朝着数据化方向发展。2014年开始,广电媒体面临断崖式下跌,一时"调整论""拐点论"甚至"消亡论"甚嚣尘上。主持人主持传播的数据化红极一时,首先,数据化时代下,主持人主持传播应该重视信息的智能化和专业化,节目管理应该充分信息化,用数据解释问题、剖析现象、优化方案。其次,节目结构以及节目运营方面要更加全面,为了进一步提升竞争力,节目主持人还应该通过技术提升专业化,在保障节目的质量的基础上,针对节目需求打造差异化节目模式,加入数据库、云计算和云存储等技术,挖掘和分析大数据,促进语言传播与大数据融合。

过去,融媒体平台的数据化比较落后,很多自媒体传播管道都是比较局限且单一的,当一个平台的受众饱和时,无法吸引更多的受众也就限制了节目主持人主持传播,主持人主持传播的数据化能够从一个平台、一个圈子的束缚当中跳出来,在社交媒体新浪微博上开设了一个账号,他们用自己的热门话题吸引了受众,并将视频内容保留下来,不料在多个用户整合水平不高的平台上获得一致好评,正是这种方式让主持人主持传播的数据化打破了信息领域的局限,获得更多的发展空间。在当前的时代背景下,主持人应适应数据传播意识,将感性思维转化为抽象的数据思维。

（3）导入创新思维

创新思维是决定节目能否进行长时间持续传播的重要影响因子，创新永远是信息高效传播的不竭动力。面对同质化严重的信息市场，如何脱颖而出、让受众感受到新鲜感、留住受众人群，发挥长效传播机制，达到持续传播效果，拥有创新思维就显得尤为重要。创新不仅仅是在节目形式上的创新，更要注意在节目内容上的创新。现在的受众更偏好于身边平凡的故事，这样会有代入感，更好引起共鸣，仿佛就是发生在自己身边的故事。

为此，可以通过选材的创新、节目形式上的创新、传播方式上的创新，激发受众的兴趣，引发受众的共鸣，让节目达到更好的传播效果。

7. 丰富传播技巧

2018 年 8 月，习近平总书记在全国宣传思想工作会议上强调"不断增强脚力、眼力、脑力、笔力，努力打造一支政治过硬、本领高强、求实创新、能打胜仗的宣传思想工作队伍。"

对于创新型的播音员、主持人而言，需要具备以下几种技巧。

（1）有深入群众生活的脚力和更具敏锐性、探索力的眼力

融媒体背景下，信息的产出和发布周期变短，要立足人民群众，走到群众身边，了解他们的生活，观察他们的生活，善于发现生活中有价值、有深度的信息和线索，细微之处见真情，让报道更有烟火气，更贴近群众生活，让受众产生共情；要不断创新报道的方式和手段，服务于节目的内容，提高播音员、主持人与节目内容的黏合程度，让播音员、主持人成为节目中除内容外的另一个焦点。

（2）有更具个人思维、垂直于专业知识的脑力

面对纷繁复杂的融媒体时代，信息的传播者要善于分辨信息，要从中选择更有价值和深度的内容，总结提炼出信息的关键，同时运用自身所掌握的知识，形成自己的观点和思考，而不是简单地将信息传递给受众，而是给受众提供价值判断，让受众产生更多的思考。举例来讲，《新闻联播》和《主播说联播》的这种组合模式，将权威的电视新闻评论和短视频相结合，通过对时事热点进行评论和关注，用通俗易懂的语言，用清晰准确的观点，传递主流声音，传播效果更好，也更容易被受众所接受。

（3）有完成独立创作和无稿化播音的笔力

短视频的兴起，使播音员、主持人独立完成一档节目成为可能。快速的信息产出，不再有专门的记者进行采访撰稿，这就要求播音员、主持人要能够独立完成新闻的采写和创作，在保证新闻时效性的同时，结合播音员、主持人自身的优

第五章　融媒体时代广播电视语言的变化

势使传播更具感染力；同时面对直播、连线等情况，没有充分的时间去进行稿件创作和备稿，这就要求播音员、主持人要在很短的时间内完成无稿化播音，同时保证传播的效果。

立体化的播音主持的传播功能，让播音员、主持人与受众对话的姿态更平等，对于表达技巧的运用、语言温度的掌控显得更加巧妙，更具人文关怀，创作的内容也更加优质，可以根据受众需求创作更有深度的个性化内容。注意区分和灵活运用不同传播媒介的传播特点，才能实现播音主持传播效能的最大化。例如，微博、微信的发布快速、内容简洁干练；短视频的表达形式丰富，观赏性更强；网络直播的交互感更好，受众体验更优等。

8. 创新传播方式

（1）完善播音主持语言表达的人际化传播

自20世纪80年代以来，广播电视在媒体传播中占有稳固的地位。由于平台的特殊性，播音员、主持人具有特殊的明星影响力，他们在二次传播中扮演舆论引导者的重要角色。

在现如今激烈的媒体竞争中，播音员、主持人已经不再具有神秘感，除了扮演信息传播者这一角色外，他们还是信息的瞭望员、守门员、评论员，甚至需要承担编辑、导演等工作。在这种基础上，播音员、主持人面临着不小的挑战，不仅要传递内容，而且要服务受众，提升受众的体验感。

作为媒体传播的桥梁和纽带，播音员、主持人与受众的互动更加容易，能更清楚地了解受众需要什么。当然，前提是播音员、主持人必须放下身段，提升自身的服务意识，适应新的传播模式，打造全新的播出平台。所谓人际化传播，是指交际双方在某一特定领域的平等，语言表达上的轻松随意的气氛和口语化倾向。人际化传播如同一味佐料，使人与人的交往变得愉悦。在广播电视传播的语言系统中，"播"和"说"是两种常见的语言传播形式。过去播音员、主持人播报的语言相对严肃、僵化，语言在亲切感、朴素感、亲近感、话语感等方面存在着很大的不足。在长期的发展过程中，"说"的传播方式变得更加常用。

例如，凤凰卫视的《凤凰早班车》不同于以往电视新闻节目主要采用"宣读式"和"播报式"的声音。凤凰早报主办方对新闻稿件的主要内容进行理解和处理，以"说"的语言状态呈现新闻，具有较强的叙述性和沟通性。轻松平和的语调和轻松友好的氛围，把电视屏幕上僵化的新闻播报变成了聊天式的交流和叙述。这不仅使主播对新闻事件表达的观点和态度更加流畅得体，而且使新闻更加生动，使受众更容易接受信息和观点，优化传播效果。

（2）加大播音主持语言的人文关怀

在融媒体时代，一些媒体发布的内容为了吸引人们的眼球，往往忽视了人文关怀。这种现象逐渐引起受众的反感。受众希望听到的是具有"温度"的广播主持语言。因此，加大播音员、主持人语言的人文关怀势在必行。

首先，播音员、主持人的语言要坦诚、真挚，要让受众信任你，意味着对受众的语言能够深入人心，懂得如何化解冲突，给予受众正向的激励，乐于分享成功经验并积极为受众服务。其次，播音员、主持人语言能够对当前的播报内容进行适应，语言恰当符合受众的接受心理，然后通过多种先进技术如大数据技术等来对受众需求进行充分满足，增进人与人之间的交流与理解，从而了解受众具体需求，并吸引受众的目光，获得更多有效受众。最后，具有人文关怀的精神是对播音员、主持人提出的基本要求。播音员、主持人应树立人文精神理念，对人民忠诚，工作兢兢业业，有责任、有担当，热爱生活，积极调动自身主观能动性，平衡播音员、主持人语言规范化与人性化的关系。

（3）加强播音主持语言传播力度——改进话语质量

过去，传统媒体采用线性传播，即传播者与想象中的受众进行直接交流。因此，传播主体决定了语言风格，语言传播具有书面性的特征。但在融媒体时代，既有新媒体，也有传统媒体。交流的方式已经多样化。因此，播音主持语言必须符合受众的口味。只有这样，节目才能有市场，才能受到受众的喜爱。那么，如何加强播音主持语言的创新，提高话语质量呢？

当前的全媒体是以传统媒体为基础，具有一定新媒体元素的平台。但从长远来看，未来网络将是主要媒体世界。因此，播音主持语言的传播必须依靠网民的力量，用网络语言拉近与网民的距离。同时，广播电视节目的再生还需要播音员、主持人用艺术语言和声乐语言进行传播。掌握标准的普通话是播音员、主持人的最低要求，具体来说，要求发音规范，表达准确，表达得体，词、句之间的衔接流畅一致。同时，播音员、主持人需要拥有尽可能高的节目控制能力、话题引导能力和现场反应能力。这也给播音员、主持人掌握规范词汇增加了难度。

二、融媒体时代广播电视语言传播风格

（一）语言传播风格的特点

1. 具有整体统一性

受限于节目特点、定位的相对稳定性，广播电视节目的播音员、主持人的语

言传播风格需要表现出一定的整体统一性。这种统一性既体现了和节目定位的一致性，又体现了播音员、主持人对受众特点把握的一致性。

2. 具有相对稳定性

语言传播风格的形成不是一朝一夕的事情，而是经过长期的积累后，表现出的个人语言表达上的规律性、重现性的特点。也就是说，语言传播风格的形成要经过不断的实践后才能趋于稳定，才能形成具有个人风格性的语言表达方式。

之所以说这种稳定性是相对的，因为一个广播电视节目的播音员和主持人自己也是成长的，可以尝试不同的节目风格，而且不同的节目风格需要不同的语言传播风格来演绎，因此这种稳定性不是一成不变的。

（二）语言传播风格的提升策略

1. 明确语言传播风格的原则

（1）语言运用的专业化

依托于制作水准和听众、观众审美水平的不断提升，现阶段的广播电视节目已经进入了稳健期，更加追求精品化的制作。这就要求广播电视节目的播音员、主持人的语言运用要专业化。

播音员、主持人语言运用的专业化既包括知识的专业化，又包括语言面貌的专业化。播音员、主持人语言运用的专业化，既能保证广播电视节目传播的高效、准确，又可以赢得受众的尊敬和信任。

播音员、主持人在节目中要提升语言运用的专业化。播音员、主持人是面向大众的传播者，应当明确自己的角色定位，为受众提供专业的服务。播音员、主持人应当不断丰富专业内容，因为现在的广播电视节目类型丰富，涉及不同领域、不同专业。

播音员、主持人在节目中要提升语言面貌上的专业度。随着广播电视节目的大量涌现，逐渐弱化了播音员、主持人语言面貌的重要性，对语言面貌的包容性更强。因此，播音员、主持人一定要提升语言面貌的专业度，呈现更加专业的语言传播风格。

（2）语言传播风格的品牌化

毋庸置疑，播音员、主持人是一档节目的标识，是节目的名片。加强播音主持品牌化的建设应更加重视播音员、主持人语言传播风格的品牌化塑造。节目风格即播音员、主持人的语言传播风格，播音员、主持人要提升个性化语言品牌，语言要体现个性魅力和独特风格，播音员、主持人个性化的语言是其独特的思维方式、独特视角的重要载体。

优秀的播音员、主持人不应仅仅局限于内容的表达者，更应该通过其独特的语言传播风格为其所主持的节目注入生机和活力。而一旦播音员、主持人语言传播风格的品牌效应形成，那么，播音员、主持人的影响力和节目的话题讨论热度都会随之提升。因此，播音员、主持人不仅要在节目中注重自己语言传播风格的塑造，而且在节目外的日常生活中，包括在网络社交媒体上，都要注重其语言的影响力。

2. 注重语言传播风格的细节处理

（1）注重话语策略

广播电视节目同传统媒体一样，也发挥着重要的文化功能，播音员、主持人的语言对受众起着示范、熏陶和引导的重要作用。由此一来，对于播音员、主持人语言修养的要求不容忽视。

首先，播音员、主持人要不断增强自身的知识积累。知识的厚度决定了语言的深度。一个好的播音员、主持人的语言应该是用词规范、文化厚重的。广播电视节目的内容越来越广泛，受众群体越来越年轻化，播音员、主持人一定要不断汲取知识养料，充实自己，使自己的语言规范、生动、有力。

其次，播音员、主持人要不断加强语言技巧的运用。语言的美感一部分源于声音的音色，因此要注重声音的轻重缓急、音调的高低起伏等，这就是所谓的"先声夺人"。好的语言表达是和表达的技巧密不可分的。播音员、主持人应强化语言技巧的训练。

（2）注重个性展示

个性即与众不同、异乎寻常，它表现为一种带有创造性、新颖性的人格形态。个性对于播音员、主持人尤为重要，它是一个播音员和主持人魅力的源泉。语言又是播音员、主持人与外界沟通交流的重要窗口。

播音员、主持人的语言传播风格只有结合自身特点，才会使播音员、主持人本身的语言具有魅力，同时带动节目质量和水平的提升。播音员、主持人在将个性特点融入节目的过程中时，一定要把握好两点：首先，把握个性认知的准确性；其次，注重个性张扬的科学管理。因此，一般不提倡偏离受众接受的"另类"的语言传播风格，这个过程要求播音员、主持人一定要把握适度原则。

第六章 融媒体时代广播电视节目的发展

在融媒体潮流的影响下，社会大众对广播电视节目的制作和传播有了更高的要求，为此广播电视节目要与时俱进，抓好转型发展的契机，让节目形式更加丰富、节目质量不断提升，吸引更多的受众，在顺利转型的基础上实现持续发展。本章分为融媒体时代广播节目的发展、融媒体时代电视节目的发展两部分，主要包括融媒体时代广播节目的探索与发展特点、融媒体时代传统广播节目的发展困境等内容。

第一节 融媒体时代广播节目的发展

一、融媒体时代广播节目的特点

（一）融媒体广播的探索

信息技术在不断进步，随着手机、平板、笔记本电脑等便携移动通信工具的高频率使用，新媒体已经逐渐成为受众获取各种新闻信息的主要方式。但机遇与挑战并存，新媒体的发展对于传统媒体造成了巨大的冲击。2018年中央电视台与中央人民广播电台以及中国国际广播电台整合组建为中央广播电视总台，融媒体的发展已经是大势所趋。

目前，市级媒体如上海、北京、南通市等都已经形成完善的融媒体中心模式，县级媒体也在全力推进媒介融合的脚步。但就广播节目而言，目前融媒体化如何更好完成以及更好结合自身优势仍在探索和攻克中。

学者谢昕华在《城市广播电视台融媒体建设问题与对策探索》一文中针对城市广播电视台融媒体建设中存在的问题，提出增强对媒体融合的认知、打造媒体融合发展平台、建立媒体融合运营机制和引入先进的融媒体技术这几点对策，以期优化城市广播电视台融媒体建设。

学者高映辉以海口广播电视台为例，提出在新媒体环境下，传统电视台面临生存空间狭窄、市场份额缩小、创新意识不足、缺乏吸引力的致命问题。

学者李建茹以石家庄广播电台为例，提出了广播节目在新媒体发展的趋势下如何提高自身竞争力的应对策略，包括学习融媒体相关的新知识、掌握新技能，打造属于自己的融媒体采编队伍，打破广播节目"只闻其声，不见其面"的旧形式，采取直播、录播等形式增加广播节目的视听语言，发掘本台主持人、编辑和记者的独特魅力，创造属于电台自己的IP，立足听众力求创新等。

上海广播电视台和上海东方广播中心推出的"阿基米德"App推动了广播节目的移动化，每一档节目在App中都有自己的社区和直播间，听众可以在社区交流评论，也可以在直播间实时互动，进一步提高了听众以及听众和主持人之间的交流频率。

目前广播的大部分受众仍是司机群体，但在融媒体大力发展的未来，将回归到更多大众的视野中。因此，只有大力发展媒体融合，增强节目创新性，顺应新媒体时代移动化和碎片化的趋势，才能在受众眼花缭乱的信息爆炸中争得一席之地。

（二）融媒体时代广播节目发展的特点

媒体融合是传统广播转型的新契机，媒体融合打破了以往广播单音频传播的瓶颈，重塑了生产流程，拓宽了传播渠道，丰富了节目形态。如今传媒市场竞争愈演愈烈，广播媒体需要认识到公众对于自己的角色期待，提升公信力，弘扬主旋律，节目精准化投放，内容个性化，保持自身风格，提供高质量的内容产品。在媒体融合背景下传统广播节目形态渐渐呈现出精品化、技术化、服务化以及高效化等特点，正不断以创新融合促进节目升级。

1. 广播节目精耕细作

（1）声音魅力充分发挥

媒体融合背景下传统广播节目正由粗放向精细化转变，不再是对以往节目形式的改造，如今已经不断推出具有创意的全新节目形态，在适应用户需求的同时又不忘初心，发挥宣传教育和社会服务的功能。

广播是有温度的媒介，通过主播口语化、个性化的表达可以将难以理解的思想观念通过人们喜闻乐见的形式进行阐释。微广播剧、有声读物和有声漫画更适合如今融媒体的传播方式。

第六章 融媒体时代广播电视节目的发展

广播剧是通过广播来传播声音的戏剧，微广播是传统广播剧的微缩版，具有制作成本低、节目时长短的特点。用户可利用碎片化的时间进行收听，这迎合了用户自主性阅读和收听的习惯。用户可转发与分享，其收听和分享的渠道也变得更加广阔，手机微博、微信都可以作为收听平台，易于用户收听与传播。微广播剧通过对新闻事实进行艺术化的创作，采用小而美的形式多角度展现新闻事件，突出人物故事。虽然是微缩版，但是广播剧的精华依旧很好地被继承，语言、音乐和音响一应俱全，突出声音魅力。安徽广播电视台在旗下主流网站和音频软件上开设微剧频道，进行音图文的融合传播，打造10分钟以内的微广播剧产品。2015年，中国广播影视大奖正式设立"微广播剧奖"。

媒体融合背景下有声读物不断向便捷、互动和多元转变。随着我国全民阅读的政策推广，人们对于读书愈加重视，我国传统广播进军有声读物领域不仅可以响应国家全民阅读的号召，而且可以增加收听率。2018年11月，北京人民广播电台、十月文学与阿里文学三方合作打造"精品有声小说"。有声读物选取内容一方面是网络上的热门小说和文学经典，另一方面也可以来自自产的优质内容改编的故事。同时，有声读物采用优质主播进行作品录制或音色采样录制，发挥声音魅力。有声读物的出现强化了媒体与用户的互动，听取用户意见进行作品挑选，对微信公众号或微博进行作品调研，利用传统广播电台优质的音频资源产出精品内容。

有声漫画的表现形式融合了漫画与动画的特点，介于二者之间，通过对漫画中的人物进行配音并融入背景音乐使漫画更富有趣味性和观赏性。动态漫画优于传统纸质漫画的表达形式，通过新媒体平台进行展现。

（2）高质量的 IP 塑造

以往传统媒体都在精心塑造品牌，无论是栏目还是自身平台，都在向品牌打造，在媒体融合背景下，IP 的价值被发掘出来并占据主流，在未来的文化产业中品牌会渐渐向 IP 化转变。IP 的英文全称是 intellectual property，翻译为知识产权，IP 与品牌看似相同但实则存在较大差异。IP 依托于内容，能引起文化与情感的共鸣，是一种无边界的价值认同。IP 没有边界，其核心为内容，其载体可以包罗万象，可能是一部小说、一个角色或者一条金句。IP 没有界限，因此可以去延伸产业链，只要价值认同还在 IP 就会永远存在。品牌则是依托于产品，能有效识别产品并与其他竞争对手产品或服务产生差异化的区别符号。品牌是有边界的，它依托于产品，同时也受制于产品，其产业链很难进行广泛扩张。如今的泛娱乐生态下用户对IP的辨识、共鸣与连接要优于品牌。IP需要品牌的孵化，从品牌中吸取营养，同时品牌发展到达一定的规模需要利用IP的手段占有更大的市场。

2.传媒技术广泛应用

（1）智能语音助推音频媒介融合

互联网智能时代重新定义了"人机交互"新模式，无需中间介质如鼠标点击或手指触摸操作，人机关系趋向协同。广播与智能语音技术融合有利于全新内容生产模式的形成，智能语音系统的出现无疑是广播这一音频媒介未来竞争中的重要领域。在2018年，艾瑞咨询数据显示："2018年第三季全球智能音箱出货量同比增长197%，达到2270万台，发展速度高于过去10年推出的其他消费电子产品。2018年上半年中国智能音箱销量达到467万台。"在国外市场，亚马逊推出"Echo"系列产品、谷歌推出"Home"系列产品、苹果也在计划推出全新语音设备"HomePod"。中国智能音箱市场竞争也十分激烈，小米、百度、京东、腾讯和阿里巴巴相继推出其旗下智能音箱产品。智能音箱已渐渐成为家庭中的一员，成为人们获取信息的重要渠道。

智能语音交互技术解放了双眼和双手，大大丰富了应用场景，通过语音交互技术可以实现有效的人机互动，利用碎片化的时间随时获取信息，大大节省了时间成本。目前智能音箱可实现播放音乐、搜索网页、收听新闻以及网络购物等功能。智能音箱这一全新终端的出现使声音不仅仅是"说"和"听"的传播介质，更成了将不同媒介多方面、深层次和协同化的一种媒介创造力。

智能音箱可以应用于智能搜索、互联互动和通知提醒。广播电台根据其特性纷纷建立相应节目形态。智能音箱成了集新闻、娱乐、天气、体育等信息的综合信息获取渠道，因此信息聚合便成了一种全新的广播节目形式——信息简报。

（2）大数据与人工智能技术助力效率提升

新传播技术的应用是媒体融合转型的新引擎和新动能。大数据与云计算结合使各种应用根据所需获取计算能力、储存空间和信息服务，有效提升媒体生产效率。例如，记者在会议现场采访时可以在音频所需处打上节点，随即计算机系统迅速导出同期声形成文字稿或通过特殊的计算机后台设置好的编辑模式直接生成新闻稿件上传到媒资系统中。随着人工智能技术的发展，机器人写作（MGC）的实例已经屡见不鲜，如表6-1所示。机器人写作可以解放生产力，让记者可以投入更具智慧和挑战的工作中。未来人机协作将广泛应用，记者将在深度报道、情感挖掘以及人文价值方向凸显自身能力。

第六章　融媒体时代广播电视节目的发展

表 6-1　国内外写作机器人应用

国内				国外			
名称	机构	时间	功能	名称	机构	时间	功能
Dreamwriter	腾讯	2015.09	写稿	QuakeBot	洛杉矶时报	2014.03	写稿
快笔小新	新华社	2015.11	写稿	Wordsmith	美联社	2014.07	写稿
小封机器人	封面传媒	2016.12	写稿编辑	Blossom	纽约时报	2015.05	编辑
小南	南方周末	2017.01	写稿	Heliograf	华盛顿邮报	2016.08	写稿
Giiso3.0	深圳智搜	2019.09	写稿语义识别	Truth Teller	华盛顿邮报	2015	核实校对

人工智能技术在播音主持行业得到了广泛应用。当前的人工智能技术已经可以在很大程度上替代主持人完成内容播报工作。有学者提出，在目前大数据技术支撑条件下，人工智能技术可以胜任播音任务。但是，目前仅仅只是可以完成难度较低的播音任务。例如，小米公司研发的智能语音助手"小爱"，能够完成主人所传输的操作指令。类似的，通过人工智能技术播报语音能够显著提升播报准确性以及降低播报成本，进而将人从高强度且重复的工作里面释放出来。

人工智能技术现阶段实现了人机共同主持。将人工智能技术应用到播音主持当中能够高效处理问题，能够起到良好的辅助作用，不仅能够存储大量的信息知识，而且可以及时更新信息。这样不仅减轻了主持人的负担，还使得节目效果更加完美。

此外，有学者指出，人工智能技术发展所形成的虚拟人物动态的图像可以作为现代播音主持的 AI 虚拟互动助手，并且能够在部分领域取代人类工作成为虚拟播报主持人，换言之，能够高效地形成面部表情以及达到同步口型的目的。例如，广西广播电视台首位 AI 主播"小晴"于 2020 年 2 月 6 日正式亮相，并且在广西卫视官方微信以及微博上为观众带来了一次疫情播报，帮助观众关注解读疫情防控政策以及相关防疫知识。

（3）虚拟现实技术 VR 与无人机技术推进新闻现场全息化

VR 是通过人机接口、传感器以及人工智能等技术所制造出来的人工模拟环境。如今 VR 技术正推动广播媒体进行全媒体转型。广播音频本身就具有情感的穿透力，加上VR画面带来的时空穿梭感会给用户前所未有的体验，并且对于新闻事件的展示也更加全面。《VR津云》是全国首档VR新闻节目，2017年5月开播，以《深入"幕后"看天津地铁建设》为代表的融媒体作品借助虚拟现实技术让用户直观、全面掌握地铁修建进程，带给用户沉浸式的现场感受。江苏广电《遇见最美的江苏》节目采用了无人机航拍加VR技术，展现江苏历史文化、秀美山水以及经济发展状况。上海SMG融媒体中心推出的网综产品《国民美少女》采取了VR直播的形式，在优酷平台上线后累计播放量达4.3亿次。

《航拍中国》展现了震撼的航拍画面，动静结合的航拍画面配合气势恢宏的音乐，通过居高临下的视角俯瞰现场，大气磅礴。新华网2017年使用无人机直播车331次，无人机直播车可以实现无人机图传信号接收、无人机航拍画面接入、网络直播以及视频剪辑加工功能。头戴VR设备与航拍配合，如同飞翔在天际，大疆推出一款VR眼镜"Goggles"，将无人机与VR结合，以第一人称视角展示画面。随着VR设备体积的减小和普及率的升高，无人机航拍画面将会成为新闻报道的重要部分。

3. 媒体功能不断拓宽

（1）问政节目提升政务服务能力

广播节目如今变得更加"有用"，通过广播节目可以实现问政，可以搭建政府与受众交流的平台，听民意、惠民生、解民忧。湖北长江云平台通过搭建移动政务平台，省去了党政机关在新媒体产品方面的研发和运维成本，提升了信息传递的效率。同时平台又为群众提供了与党政机关沟通的桥梁，使用户可以准确了解政策信息，如充值缴费、医疗就医、交通出行、公积金服务等，不仅可以为群众切实解决问题，而且可以增加平台的用户黏性，提升政务服务的办事效率。

媒体立足社群服务和政府服务领域，如何运用技术是关键，需要把握技术、人、媒体三者的关系。深圳广电在构建智能城市概念时，将全市各局数据库连接在一起，媒体在中间起到连接作用，积极转向服务型媒体，通过数字技术更好地服务百姓。媒体通过与政府合作共享城市开放信息平台，获取大数据信息推出数据新闻，利用媒体大脑推出数据可视化新闻产品。"北京时间"App则提供"政务＋服务"的模式，通过深度调查团队引导网络舆论。

广播媒体既能沟通到政府部门掌握社会总体形势，又能连接人民群众获得基层情况，从而可以起到连接和沟通作用。我国传统广播媒体通过新闻客户端上线

第六章 融媒体时代广播电视节目的发展

政务服务功能，使部分政务事项通过客户端办理，同时一些需要到现场办理的政务也都在客户端上发布所需资料的模板和办理过程中常见问题解决方案，打破了信息孤岛。

（2）公益广播节目引起情感共鸣

我国广播媒体充分发挥社会服务功能，推出公益广播，用声音的情感共鸣激发用户对公益事业的热情。甘肃交通广播主打"内容＋服务"，其微信平台开通寻人寻物功能。

除广播媒体本身投入公益事业外，发挥媒体舆论监督的能力，可以使慈善募捐活动更加公开、透明。通过媒体监督可以建构募集渠道，可以保证资金真正流入需要帮助的人手中；通过有温度有情感的声音，可以呼吁用户参与到公益中来，弘扬慈善精神。

二、融媒体时代广播节目的发展困境

网络信息技术的广泛应用，助推传统媒体与新媒体深度融合，标志着融媒体时代的到来。在此背景下，虽然媒体行业的信息传播方式及内容已做出了不同程度的革新，但以广播为代表的传统媒体节目在融媒体时代仍陷入了主观及客观上的发展困境。

（一）专业人才严重缺乏

广播媒体有很长的发展历史，其节目形式也基本固定，在实际传播过程中体现出自身独特的传播优势，主要表现在传播快速、及时、有效，同时，也可以给受众一种身临其境的感觉。但从当前传统广播发展趋势看，在网络新媒体的冲击和影响下，受众数量日渐减少，广播媒体难以保证足够的经济效益，由此也导致广播行业人才流失情况严重。加之新媒体市场规模不断扩大，吸引了大量广播媒体人，进而出现跳槽等情况。

除此之外，融媒体时代下，传统广播在与新媒体技术积极融合过程中，对从业者综合能力、素养提出较高要求，如能够制作网页、分析数据等，这对早已习惯传统工作模式的广播媒体工作者而言，无疑是一种挑战。同时，一些广播平台能够为人才提供的薪资、工作环境、发展空间等存在很大欠缺，且广播媒体工作者需要较长时间的培训。这些情况使得一些广播平台不仅无法留住现有员工，而且很难吸引优秀人才加入。

（二）融合生产机制不协调

我国媒体融合正向深度融合前行，这要求从组织结构到传播体系再到管理体系和运营体系都要深化融合。传统单一媒体向全媒体转型不能仅停留在形式上，应该让各个单一媒体资源走向整合化与集约化，但是目前我国传统广播媒体仍缺乏全新的媒体架构和运行机制。

传统广播电台内容生产部门有很多，每个部门都有其擅长的领域。一些部门以内容创作见长，一些部门擅长渠道分发，在融合之前每个部门都有其一套适用于本部门并且长期运作的生产流程，这就导致了部门间各自为战的情况发生。采编人才难以互通，资源难以共享，部门沟通困难，导致了报道效率差，传播效果受限，资源不能集约和统一。面对融合生产的体制与机制不协调的问题，需要体制框架自我革新，加强顶层设计，推动融合机制建设，这需要一套有效的自上而下的革新策略。

（三）创新意识相对薄弱

目前我国传统广播电台纷纷成立全媒体中心，打造"中央厨房"，整合全台采编力量，其中不乏具有创新思维的年轻记者，但是真正在媒体融合领域有建树和发展的往往是在传统广播电台中历练多年、经验积累丰富的人才。造成这一现象的根源是部门缺少培养和孕育新媒体人才的土壤，新加入部门的年轻人在部门难以得到新媒体的工作经验和理念。

传统广播媒体不同于目前的网络媒体平台那样具有互联网思维，缺少成熟的运营经验。传统广播媒体与互联网媒体相比呈现方式单一、内容更新延后、互动性弱、缺少资金技术以及覆盖范围有限的缺点，种种原因导致了传统广播媒体记者难以适应如今的传播模式。许多年轻记者缺少更好的渠道和平台去历练，始终难以突破瓶颈。媒体融合急需要复合型人才，而相关高校对传媒类人才复合技能的培养又远未跟上。没有互联网媒体的经验积累和理念革新，加之高校中缺乏新媒体技能的培训，导致年轻记者传播观念被禁锢，难以创造出全新的节目形态。

媒体融合深度发展需要技术与内容双驱前行，缺一不可。传统媒体在内容生产上具有丰富的经验积累，但对于全新媒体技术的革新仍然反应"迟缓"。如今许多传统媒体拥有先进的设备和媒资管理系统，但是大多数设备并没有发挥效力。

技术能否发挥效力要取决于运用方法，多数传统媒体记者跳不出传统思维方式，对于新技术没有潜心研究，对于新设备缺乏学习热情，导致一些设备闲置。传统广播媒体技术研发水平落后，设备一次性投入后期难以更新换代，技术的桎梏使传统广播媒体不能以新技术引领媒体融合发展。同时缺少专业的运营人才，对于数据的挖掘、用户画像的建立以及传播效果分析能力薄弱。多数传统广播媒体记者难以跳出思维框架，缺乏互联网思维，导致了融合创新能力难以提升。

(四) 缺乏资金支持

新媒体转型需要大量的资金支持，技术的开发、产品的制作、设备的更新以及平台的运营都需要大量的资金支持，但是精细化制作需要大量物力和资源，对传统广播媒体来说，目前仍存在资金缺口。

媒体融合运行在短期内盈利非常困难，这就导致了一些融媒体平台的设备在一次投入后无法及时升级，新技术无法立刻投入节目制作中。由于缺少资金支持，导致内容生产略显粗糙，节目制作水平难以提升。不仅如此，由于资金不足，缺乏创意，新节目形态难以实现，于是节目互动性、游戏性效果较差，不利于用户黏度的形成。

三、融媒体时代广播节目的发展策略

媒体融合是传统广播媒体的一次转型契机，传统广播节目急需创新，不仅要有用而且要有趣。技术变革的步伐从不会放缓，面对最新技术，我国传统广播应主动去学习与适应，通过技术革新和思维突破创造全新的节目形态。媒体融合转型应由表及里，最终实现媒体深度融合发展。

(一) 强调适度视觉化

传统广播一直是只有声音传递这一个媒介传播形式。广播与电视不同，只提供声音，所对应的画面需要听众自行补充，通过声音所传递的细节来唤醒听众的想象，这是广播所特有的魅力。进入融媒体时代，许多传统媒体"中央厨房"应运而生，使广播具有了可视化的可能。从最初的建立网页进行图片和文字的宣传和收听引导，到现在的广播视频化直播，都是广播可视化的实践，但在探索过程中有一些问题暴露出来。例如，一些栏目对广播直播间的内容进行了全程视频直播，这反而削弱了广播本身的想象空间，而且视频直播的画面和内容往往较为单一，除明星效应外，对广播直接进行直播的收效并不理想。如何适当地使用融媒体互动的形式，让广播的可视化达到最佳的辅助效果值得思考。我们应当认清：

对于全媒体广播来说，视觉化只是辅助传播的手段，一定不能本末倒置，让过度视觉化喧宾夺主，使广播失去原有的最大魅力和生命力。

在广播 App 中，使用文字、图片等视觉宣传和引导，都是必要的，可以帮助受众快速找到所需内容，提供想象的方向，使受众与节目制播者更容易产生共鸣。比如，中央人民广播电台广州节目制作室就在 2015 年推出了广州风情有声双语明信片，就是一次有创意并较为成功的广播可视化尝试：通过明信片这个视觉化载体，扫描明信片上的二维码，就可以收听到介绍这张明信片上所印内容的广播音频；明信片上是广州的老街道、代表性建筑和美食等，每张明信片的内容各不相同。这样一来，人们可以通过视觉化和广播音频相结合的方式了解广州文化，学习粤语知识。

在融媒体时代，广播应该保持自身的特点，其他各种融媒体宣传形式应该各司其职，发挥各自所长，有机结合，弥补广播本身即逝性、难以储存、互动较为单一等缺点，同时不能将广播以声音为立身之本的地位动摇。传统广播与新兴媒体之间的融合已经进入了深水区，新型广播产品就是融合产品，它是电子全媒体的联姻混血，又以广播为特色而区别于视频、文字融合产品，把握好"度"尤为重要。

（二）应用先进媒体技术

我国即将迎来 5G 时代，高速网络、高速率、低延迟必然会成为人工智能和物联网的助推器。2017 年人工智能迎来了持续升温，依托计算机视觉、自然语言处理、人机交互等关键人工智能技术构建了一条从"基础层—技术层—应用层"的完整的产业链。基础层包括计算能力层和数据层，技术层包括框架层、算法层以及通用技术层，应用层包括应用平台层和解决方案层。

在应用层方面便是智媒体深耕之地，人工智能的应用改变了传统媒体内容生产方式（机器人写作、传感器新闻）、节目呈现形式（VR、AR 新闻）以及内容分发模式（算法推送）。技术的提升会丰富传统广播节目的形式，给用户全新的感受。随着可穿戴设备、车联网、智能家居等智能终端进一步发展，万物皆媒成为可能，传统广播节目将不会受到接收终端的限制，随时随地收听，广播节目形态也将发生改变，针对不同场景提供不同形式的内容。紧跟数字化、网络化、信息化和智能化发展趋势，我国传统广播电台主动应用新技术和新终端来实现节目形态的转型升级，打造智慧广电。

如今智能语音、无人机、机器人写稿和 VR 等传播技术已经广泛配备到各大

第六章　融媒体时代广播电视节目的发展

传统广播电台中，但在实际工作中这些先进技术仍然难以全面使用。究其原因多数是许多广播电台记者和编辑不会使用，技术的桎梏难以突破。如今媒体融合背景下传统广播节目形态想要创新升级离不开技术的支持，记者和编辑等人员必须主动学习全新媒体技术，去了解、钻研设备的使用以及在实践中具体操作。

广播媒体可以通过定期展开培训的方式讲解设备使用方法，从实践中的具体应用方法入手，真正使技术可以快速投入实际工作中。并且建立内部分享机制，对全新的媒体设备和技术进行定期分享，展开详细讲解，时刻把握媒体技术的现状与未来趋势。只有掌握技术使用的方法，具有应用技术的思维才会真正改变传统广播节目形态，实现广播节目的创新发展。

（三）加大全媒体记者培养

1. 引进复合型人才

随着媒体融合不断深化，对于传媒技术的需求不断扩大，传媒领域渐渐进入了技术主导的时代。传播技术的进步带来了传播知识体系的不断更迭，单一的知识体系难以适应如今的新闻传播业。快速学习、跨文化沟通以及驾驭变化能力是如今记者应具备的能力。

广播生产的是文化产品，是智慧密集型产业，技术是核心传播力，掌握新媒体技术可以更好地提升节目质量和生产效率，同时也可以精准定位用户，提供给用户所需的优质作品。如今的自媒体"大 V"或"网红"背后都是一个个工作室团队在支撑，提供优质内容和技术支持。广播媒体需要培养一支懂技术的记者队伍，从技术层面上要熟练掌握图像、音频和视频制作，了解 App 以及 iOS 和 Android 开发语言。从思维方面要具有新媒体营销思维，了解营销推广、具有互联网营销策划、运营思维。新媒体环境呼唤新闻从业者拥有新的能力。复旦大学周葆华教授认为，互联网时代下新闻记者要具备如下能力："第一，面对'新新闻主体'，专业媒体的新闻从业者需要具有开放合作的心态和能力；第二，创造'新新闻文本'，数据分析能力和可视化能力、虚拟现实、增强现实、人工智能、无人机等新技术叙事的能力都亟待加强；第三，适应'新受众关系'，要了解用户行为与心理；第四，探索'新商业模式'，了解媒体的商业模式与运营管理。"媒体融合不仅是不同媒介之间的融合，而且是多方能力的融合。传统媒体记者应向复合型人才转变，去适应新媒体的传播方式，兼具数字思维和商业思维，提升先进技能水平。

传统广播电台可以与新媒体平台达成战略合作，可以输送年轻的记者到新媒体平台实践与交流，并定期展开线上或线下学习培训。为传统媒体年轻记者提供新媒体工作机会，有利于年轻记者的成长并且可以为传统广播电台输送最新理念。传统广播媒体可以在高校建立融合媒体研究机制，通过产学研机制促进高校新闻人才培养。传统广播媒体可以与高校合作组建融媒实验室，提供技术支持和实习机会，在高校吸收不同领域人才，采用项目制的形式，给予不同专业人才开放式探索机会，共同助力媒体融合发展。

2.完善人才激励考核机制

节目形态的创新要依靠思维创新和技术革新。传统广播媒体需要形成人才激励机制，给予资金和技术上的支持，给予试错的空间，用完善的人才激励制度保障节目创新。为激发节目形态创新热情，应制定完善的新媒体评价机制，因为绩效考核是激励全员积极性的有力武器。

绩效考核要不拘一格，要有效激发记者团队积极性，勇于尝试，寻找适合自己媒体情况的考核机制。要给予记者更大的发展空间，提高薪酬与福利，留住人才并培养团队。川报集团融媒体转型在考核机制上规定，其人员考核的30%需要与新媒体挂钩，新闻策划向新媒体倾斜，否则不予以批准。深圳广电集团壹深圳客户端要求记者每月必须发布移动原创视频。津云平台采取多级薪酬制度，按照新闻产品题材以及新闻内容和影响力进行不同的业绩奖励。

主管部门需要对新媒体部门放宽限制、减少束缚，共同助力媒体融合转型升级。对于媒体融合应给予宽松的环境，激发创新意识。可以放宽对于记者团队的约束，鼓励记者"创业"组建工作室。记者通过组建工作室能够获得较大的自由度，并且可以有效吸收市场资源，利于新媒体传播技术的应用，通过工作室进行优质的节目内容生产反哺传统媒体，可以有效促进节目内容创新与升级。

（四）以用户为核心，精准定位

用户永远是媒介传播的核心所在。随着广播的发展，广播的受众调查越来越广泛，对于收听的群体、收听的方式、收听的场景、收听的内容等都有较为详细的数据分析，对每档节目的听众做出较为细致的用户画像，从而了解用户真正感兴趣的内容和真正的需求。媒体融合发展更要求广播节目本身从受众的角度出发，通过受众的喜好来及时调整广播的播出内容，迎合受众的需求。同时，实时的舆情反馈需要新媒体的技术支持，从快速的大数据中分析出对节目发展更好的有效信息。了解受众的喜好和特点，在新媒体平台上做出个性化推送，将听众感兴趣的内容准确推送，有助于增强听众的用户黏性。任何产品都会经历从最初

第六章 融媒体时代广播电视节目的发展

直接的品牌推广、商业营销到产品整合升级,再到最终的差异化个人定制服务的阶段。有了前期的积累和铺垫,使广播的碎片化、细分化的"窄播"模式成为趋势。移动化、碎片化的收听模式的形成,使广播的个性化窄播模式被听众所接受。

针对不同的用户设计不同层面的互动方式,将广播的互动模式丰富起来,而不仅仅局限于传统的电话、微信留言等模式。例如,曾经的新深圳人策划就将年轻人中流行的短视频玩法作为广播互动的补充部分,满足了不同需求的听众的参与感和体验感。

发挥广播的社交和服务功能也是一种趋势。互联网的特点就是随时随地的分享,广播可以结合自身特点开展社交功能,延展自身的节目内容和服务链。例如,交通广播的新媒体平台上建立了相关的社群,发布路况信息,推荐性价比高的车型,体现出来社交的功能,同时还延伸出了相关的服务功能,如提供加油站的服务电话、汽车保险、道路救援等相关服务,继而达到更好的用户体验。

我们现在所使用的移动收听的智能设备有手机、计算机、车载收听等,它们之所以被选中,不是由于它们是最佳的载体,不是由于它们是服务教学、表达思想的最好工具,而是由于它们凑巧就在我们手边,方便我们使用。新媒体广播也在扩宽收听的场景,释放视觉和注意力。比如"全屋智联"概念中物联网的使用就是广播的一个载体,智能音箱、智能闹钟、智能冰箱等生活家居中的电器都可以成为搭载新型广播的移动播放平台。这些新型的使用场景可能会有更加细分的用户特征,基于此进行数据分析,推出更有针对性的广播产品将是未来的趋势。

(五)完善广播节目产品化运营

1. 丰富广播节目形态

互联网思维具有开放、平等、协作和共享的特点,将互联网思维与传统广播节目融合,有利于节目呈现出全新的形态。第一是用户思维,以用户为核心,深度挖掘用户需求,重视用户反馈,与用户形成良好的互动。对用户画像进行细分,针对不同群体精准推出节目内容,重视与用户的良好互动,开发互动产品。第二是产品思维,通过用户需求反馈进行产品升级,简化操作,增加功能。作品界面设计简洁美观,重视视觉设计,排版工整,赏心悦目。第三是变现思维,寻求新的变现模式,流量、品牌、平台都是可变现的方式。寻求外部合作,促使有足够的资金支持广播节目后续的升级。第四是数据思维,通过数据来修改传播策略,重视舆情分析以及传播效果分析,在数据中探索用户喜爱的内容形式。

互联网思维具有革新性，传统广播媒体应时刻关注最新传媒技术的发展，了解全新广播节目形态产生的内在逻辑，大胆尝试新节目形式。如今传播技术发展迅速，一些媒体设备更新换代速度提升。面对不断变化的传媒技术环境，传统广播媒体记者应时刻关注互联网最新产品和创意节目，从中汲取养分来丰富自身广播节目形态，提升对于热点事件的捕捉与把握能力，丰富节目内容，同时关注全新传媒技术，提升节目制作水平，打造爆款产品。

2. 积极推进节目产品化

媒体融合时代下的广播节目需要有产品观念，建立属于自己产品的传播矩阵，需要通过产品思维来打造广播节目。广播电台需要在新媒体价值及用户价值之间找一个平衡切入点，形成合适的产品计划，做到价值最大化的思维体系，这个切入点需要通过产品经理去寻找。

产品经理是企业中专门负责产品管理的职位，挖掘用户需求、沟通运营与开发以及进行产品迭代升级都需要产品经理。产品经理需集合了数据思维、用户思维、逻辑思维和商业思维。数据思维是指具有数据分析能力，可以对数据进行描述性分析、判断性分析、预测性分析以及指导性分析；逻辑思维是指具有清晰的横向和纵向的逻辑，产品设计离不开逻辑，逻辑清晰会直接增强用户的使用体验；用户思维是指具有同理心，站在用户角度纠正产品错误；商业思维仅从技能上来说需要掌握商业分析模型，建立完整的商业画布。

传统广播电台缺少产品意识，未能将新闻产品进行细分和垂直化运作。常缺少运营和开发部门，往往对于全媒体中心建设缺少维护和升级，对于新闻客户端的升级迭代以及漏洞修复不及时，对于用户体验后的反馈不能及时处理，造成了App开发前期完善、后期乏力的尴尬。

广播节目呈现产品化有利于内部的改革升级，同时在产品经理的协调下可以推动部门内部效率提升，对于新节目形态的构思和创新玩法都可以通过产品功能的升级去实现。广播节目产品化有利于垂直领域的深耕，推出有深度、有价值的作品。

未来广播节目应进行细化，以"产品"为管理核心，配套技术人员和研发人员。产品经理作为沟通内容生产团队与研发团队的桥梁，提出需求撰写文档。增加技术服务部门，提供代运维、App后端操作以及软件硬件升级支持，组建技术和运营团队。

（六）增强节目互动性

互联网时代下传统的受众已经渐渐转换成了用户，"用户本位"代替了以往的单向传播思维。挖掘用户需求，满足用户个性化的需求，成为媒体不断创新的动力和探索方向。媒体需要切实了解用户，增强与受众的互动性，让用户获得更好的参与感，通过沉浸式的互动体验让用户乐在其中。

广播具有优质的音频资源，可以在程序中将资源融入配音数据库与用户共享，生产出优质的音视频作品。传统广播可以开发全新的"配音秀"互动节目，可以线上线下同时推进。线上通过移动客户端上线配音秀功能，搭建一个可以将用户配音作品分享到"两微一端一抖"的平台。作品内容可以是影视经典、新闻产品或体验主播播报等内容。线下可以举办配音秀大赛、配音作品征集等活动进行互动推广。《见面吧电台》是一档音乐类电台脱口秀直播节目，采用半公开式的录制形态，目的是充分调动用户的参与感。节目采用"直播+点播"的模式，通过线上弹幕互动，让用户有"操控"的体验，加入竞猜、点赞等手段让用户乐在其中。

在日常的广播节目生产中可以融入游戏化的元素，推出游戏化的互动H5作品，让新闻作品变得好玩有趣，这样才能充分吸引用户参与并分享，扩大影响力的同时软性宣传主流思想，让用户易于接受。《美术馆里看政府工作报告》用H5小游戏的形式宣传两会，在一幅幅画中找不同的元素完成挑战，其中元素内容与《政府工作报告》中的具体内容一一对应，设计得十分巧妙。浙报集团借鉴微信"跳一跳"的游戏形式制作互动H5小游戏《点击"浙"字跳起来 看浙江40年不凡之路》，通过提示用户进行"点击""长按"等交互操作，让一个"浙"字穿越改革开放40年的40个关键词。

几分钟的小游戏可以让用户高度集中沉浸在新闻产品之中，在游戏中领略国家政策，感受新闻事实。未来可以利用VR、AR技术和360°全景相继推出虚拟现实互动新闻产品。例如，在会议新闻报道中，将会议全景呈现，每个参会人可以通过点击来进行互动，点击人物可以弹出发言内容、人物简介等。

在对历史建筑进行报道时，可以通过全景相机还原历史建筑，在室内、室外分别设置可以互动的元素，点击人物可以弹出相关讲解，点击室内元素可以弹出介绍。随着媒体技术的日益成熟，在未来会有更有趣的互动新闻作品推出，让用户成为主人公一步一步拨开迷雾揭开新闻真相，用户通过游戏的形式寻找新闻真相会提升成就感以及参与感，会不自觉地分享出去，产品足够有趣必然会成为"刷屏爆品"。

（七）推出知识付费栏目

知识付费是一种为满足自我发展的需要购买信息内容和服务的一种互联网经济模式。得益于精神需求的提升、支付方式的便捷以及国家对知识版权的保护，知识付费应运而生。

喜马拉雅作为平台型企业，通过媒体机构的入住以及主播个人生产的音频内容分发给用户在短时间内聚拢了大量用户。2017年11月，在喜马拉雅FM知识付费专栏《薛兆丰的北大经济学课》订阅人数超20万，突出了优质内容的市场号召力，许多知识付费内容相继推出。知识付费渐渐被用户所接受，通过碎片化的时间提升自己，这种新的商业模式逐渐被接纳。随着知识付费市场需求的提升，平台也通过"造节"的营销方式迅速激发了市场活力。2017年12月3日，喜马拉雅"123知识狂欢节"销售总额达1.96亿，充分展示了我国知识付费的市场体量。

如今，用户渴望减少筛选信息过程中所消耗的时间成本，广播媒体应利用自身内容生产的优势，进行知识付费领域的探索，推出优质、有深度的节目，利用自身音频制作的专业性产出高质量音频甚至视频作品。广播知识付费节目制作首先需要优化平台内容，保障优质内容的持续生产，引入多元付费机制，满足用户的差异化诉求，提供多元化服务。其次，在内容生产上采用短时间的信息集束炸弹形式，可以设置10～15分钟的节目时间，有利于用户利用碎片化的时间提升自我，不易产生疲惫感，且能提升自我满足感和成就感。最后，生产的知识产品知识体系逻辑要清晰，观点要犀利，配合思维导图建立一个有系统性和完整性的学习结构。

第二节　融媒体时代电视节目的发展

一、电视节目模式的概念、特征及构成

（一）电视节目模式的概念

今天数十亿美元的电视节目模式产业是建立在这样一个前提之上的：电视节目模式是一种有价值的、受保护的、有销路的商品。尽管在全球范围内的电视节目模式贸易蓬勃发展，国内外对其定义并未达成一致。关于电视节目模式的界定，学界分为以下几种观点。

第六章　融媒体时代广播电视节目的发展

1. 框架说

框架说认为，电视节目模式是较为固定的形式安排，其确定了系列节目的具体内容和大体走向，是由背景布置、风格设定、流程步骤等集合而成的制作框架。诸多组成元素根据创作者的逻辑以一定的形式安排制作成电视节目，观众通过其中可识别要素与其他节目区别开来。在电视节目的制作过程中，节目模式作为通用的框架必须在每集节目中有所体现，因此，它不仅是单集节目制作的制作框架，还是系列节目整体的制作框架。

2. 元素说

持元素说观点的学者将电视节目模式定义为排除可变化的构成要素剩下的不变的构成要素的集合。20世纪90年代英国广播电视法修订草案将电视节目模式解释为电视模板计划，其包含固定和可调整的元素，根据这些元素的整合可制作成模板化的系列节目。从支持该观点的学者论述中可以总结出，元素说是指电视节目中有固定不变的元素集合，而且元素的扩展性很强，即使通过细致的剖析也很难穷尽，也忽视了对电视节目模式的整体保护。

3. 综合说

一些学者刊文主张节目模式是电视节目的核心思想，节目的内容和元素按照一定的组织架构表达出来。著作权法保护电视节目本身，其中的舞蹈设计、独立音乐、节目的名称等电视节目组成部分的独立元素可给予作品的著作权保护，但远远不足以体现电视节目整体的市场价值，无法有效地规范现有电视节目市场。

众所周知，在电视节目的市场和交易中，节目模式本身才是核心和焦点，是电视节目的价值所在，而其凝聚了一定的商业价值、艺术价值和法律价值，也是开发电视节目的重点、难点。

有学者认为，应当分阶段地剖析电视节目。一是纯精神的构思、想法阶段。二是已经将构思诉诸形式进而具象化地表达出来，这一阶段的原创性内容将创意的细节具体展开。一般来讲，可以立足于电视节目模式的诸多构成要素和导向框架，将形式和内容上相互关联因素作为其可识别要素，将这几个维度结合起来，从而较为全面地定义电视节目模式。

通常来说，将具体的构成元素和整体架构提炼出来的就是电视节目模式，它允许并引导最初的想法在随后的媒体、平台和领域的迭代中复制。其可能包括但不限于叙述结构、节目规则流程设置、重要角色描述、特定情节设计、舞台场景布置和灯光计划、图像美术和后期音乐设计、节目标识和宣传语制作过程等诸多元素以及任何允许后续用户复制原始概念的内容，其体现出节目模式的独创性特征，整体也具有相当的稳定性。

（二）电视节目模式的特征

在对电视节目模式的概念进行着各种诠释的同时，学界也更深层次地剖析出其所具有的内在特征——标准性、规定性和可复制性。正是因为存在这些特征，电视节目模式才得以有稳定的形态和进行售卖的基础，从而作为电视节目生产流水线上的一种标准化产品在全球范围内广泛流通。

1. 跨文化性：可移植、可复制

一般所说的电视节目也被叫作成品节目，又被形象地称为"电视易拉罐"，每一个成品节目就如刚生产出的易拉罐产品，销往世界各国，从而形成巨大的贸易网络。这种电视成品节目的出口一般以电视剧、动画片和纪录片为主，即买即用地趋向大工厂大规模生产下的"同一"性质，由此极易受到不同地区社会文化、价值观念及意识形态等差异的束缚，在国际化的交易中影响了电视产品的最终销售效果。

不同于在特定民族文化中沉浸的"罐头表演"，模式是可以进行改编的开放文本。在创作者的指定与约束下，国内作品可以将当地的历史、幽默事件和角色纳入售卖的基本程式中。因为模式基本上是开放的。电视节目模式是国内外文化交流的场所，而不是世界各国文化之间的修罗场。模式既不能凝聚静态的民族文化观念，也不能纯粹地表现出外部价值。它们是基于对国家认同的不同理解及在导入程式的背景下进行预测和重新定义的文本。

由此，电视节目模式在被购买后可立即进行当地生产，通过节目内容中所表达出的与受众心理相符的社会习俗和文化价值，形成具有本土化特色与生命力的新节目样式。而它极强的生命力就在于可进行复制的特性——电视节目模式能够全球销售和制作，靠的是一套独特的专业化的规则设计，通过量化的、可控的流程将整个节目的制作流程标准化，电视节目模式像麦当劳餐厅一样在全球推行标准化和可预测性。

电视节目模式贸易的日益兴盛足以证明模式复制的可行性。电视节目模式复制是通过拷贝、移植来实现的，并不是完全意义上的照搬。这种复制性确保了制作出来的新样式节目具有与原节目高度的相似性与连续性，然而这种"新瓶装旧酒"的做法也造成了侵权行为认定的困难局面。

第六章　融媒体时代广播电视节目的发展

2. 商品属性：可交易、市场化

商品属性是电视节目模式另一个重要的特征。基于电视节目模式可复制的特性，其可以跨越文化交流的障碍在具体指导下进行规模化生产，那么在生产语境下的节目模式就可以看作具体的商品，则它又具备其他商品同样的特性即可交易性，这些是在市场化操作下产生的。在电视剧、电视成品节目输出不再辉煌的互联网时代，固守成规就注定会被时代所淘汰，取而代之的则是独一无二的创意生产，节目模式正是创意发展领域的佼佼者，继而成为国际文化贸易的重要内容。从全球模式交易流程可以看出，节目模式的交易流程代表了一个从创意、发行、制作、播出、国际发行、改编的产业链，每一个环节都能延伸出相关的产业，实现价值的延伸和增值。

模式交易主要是在国际市场上产生的。一档节目只有经过国际市场交易的战火洗礼，才能称得上是一个真正的模式节目。同时，节目在不同国家和地区的改编经验也会不断地向相关机构进行反馈，以便可以时时更新，使电视节目模式发展良性循环。这一过程的结束才形成了我们所看到的在真正意义上可以进行交易的节目模式。

3. 产权属性：授版权（可保护）的特征

从广泛的历史角度来看，国际电视业界一直不间断地为节目模式的创作者和拥有者寻求乃至提供法律保护而进行着积极的尝试。

尽管美国在1976年已颁布了版权法，美国版权局也已经认定电视节目模式可享受版权法的保护，但是，法院在判决时通常会认定节目的模式不够新颖，不足以吸引法律保护。另外，如果说这种模式只存在于一系列的口头意见或者仅有一两页的书面提纲中，则它们对于版权保护的吸引力也几乎为零。

从相关案例中可以发现，版权法所保护的范围和程度并不大。通过改变模式中的字符或其他元素就可以创建新的作品，这些元素的组合可能受版权保护，但这种保护仅存在于对个人有限的程度。过度的模仿可以用版权法与其做斗争，但模仿者做出一些微小的改变就极有可能会成功。然而，就目前的情况来看，电视节目模式受法律保护的路途还很漫长，如此一来，电视节目模式的原创设计者与投资者的维权之路便愈加艰辛。但如果换一种思维，将模式中包含的元素具体化并恰当地与版权法、合同法、商标法和商业秘密法等法律武器紧密结合，电视节目模式的创作者和投资者也的确能够在现行的法律框架下并且在一定程度上保护自己的利益。

此外，可以充分发挥模式认证和保护协会的工作职能，对模式创意进行保护，同时在全球范围内维护好电视节目模式市场交易，积极加强世界各国的版权意识，对强加的侵权行为进行道德谴责，加速推进电视节目模式保护的法治进程。

（三）电视节目模式的构成

基于对电视节目模式概念的探析，有学者认为电视节目模式的内容构成可以被概括为以下几个方面。

1. 舞台背景及道具设置

舞台背景设置是对包括节目 Logo 在内的舞台整体的设计。独特的舞台设计加上特定道具的设置，构成一档电视节目最直观的外部特征，而具备独创性的节目外观是电视节目吸引观众的利器之一。

但并不是所有的电视节目模式中都包含舞台背景及道具设置这个元素，例如户外类型的节目，由于每期的录制地点都不尽相同，场景一直在变换，舞台背景及道具设置在此类节目中几乎不存在。包含这一元素的电视节目模式主要还是来自室内节目。以韩国节目《PRODUCE 101》为例，这档选秀节目的 Logo 整体呈三角形状，节目中选手的座位被排列为金字塔形，位于塔尖的自然是排名第一位的选手，主题曲表演舞台也被设计成三角形，表演期间主舞台旁边还会分裂出几个三角形的副舞台，这样独特的设计让观众对节目有深刻的印象，也突出了"竞争出强者"的节目主题。

2. 节目流程

节目流程规定了系列节目整体的脉络。同样以《PRODUCE 101》为例，作为选秀节目，这档节目的总体流程是：①选手首次表演，导师按照表现评级分班；②练习主题曲表演；③分组进行表演，观众实时投票；④按票数排名淘汰特定数量的选手；⑤反复③④过程，直至场上剩余选手人数达到规定的出道组人数。将这个复杂的流程分解开来，就是单期节目的内容，因此，节目流程一般决定着节目的期数，可见节目流程实质上同时规定了单期节目的具体内容安排。

3. 节目规则

节目规则是决定优胜劣汰的法则秩序。节目规则是一档节目的核心内容，节目规则一定程度上决定着节目的受欢迎程度。兼具独特设计感和逻辑合理性的节

第六章 融媒体时代广播电视节目的发展

目规则，必定会增添不少节目看点，充实节目内容，从而提升节目的质量。

4.人物设定

人物是电视节目的中心，因而电视节目模式中的人物设定至关重要。但人物设定同时又是电视节目模式中规定最少的部分，因为人物的现实表现具有随机性，过多的规定反而会限制人物的表现。从以往电视节目的呈现状态来看，电视节目模式一般只规定人物的选择标准及其承担的角色功能，节目制作方按照特定标准确定人选和角色后，具体如何表现就交给选定的人自己发挥。人物是制造节目"戏剧冲突"的重要角色，很多选秀节目中评委或选手出格的行为、言论能够在获得大量的话题度的同时，贡献不少收视率。

5.技术手法

技术手法是指节目的拍摄手法、后期制作手法等技术性内容。一档节目的拍摄手法和后期制作手法通常能够体现节目的风格。在拍摄手法方面，当前大部分节目都采用的是现场记录加事后采访的方式，就是指首先全方位记录当时现场所有人的行为、语言、神情等，之后再针对其中的特定情节（一般是富有戏剧性的转折或者矛盾冲突的情节）中的主要人物，进行事后的采访，邀请其讲述事件发生当时的所思所想，解释其行为的原因、目的，或者事后对该事件的看法、感想，使节目中人物的形象更加丰满，迎合观众的强烈的好奇心和求知欲，使观众沉迷其中意犹未尽。在这种拍摄手法中，机位的摆放、镜头的推拉与切换是关键，这些技术决定着节目素材的范围，对观众的观看体验有很大的影响。

在电视节目模式的所有元素中，后期制作手法承担着重要任务，一档节目最终的呈现效果与方式，很大程度上取决于后期制作手法的使用。后期制作手法一般包括后期剪辑、后期特效制作等技术手段。

由于当前电视节目多采用纪录片式的全过程追踪拍摄手法，这种拍摄手法所生成的素材数量庞大，如果不进行适当的剪辑就播出，节目时长必定会超过规定长度。而且，如果将全过程完整地呈现给观众，观众难免会觉得疲惫、枯燥，因此就需要通过后期制作筛选出具有戏剧性、趣味性、紧张感的特定部分，并将这些部分衔接成一期完整、连续、有节奏性的节目，这样既控制了节目的时长，又保证了节目对观众的吸引性。

此外，后期制作手法也是把控节目方向与路线的重要手段。制作团队筛选出的特定故事情节的焦点在哪个人物身上，突出什么内容，走搞笑路线还是励志路线，这些基本上都由后期剪辑和后期特效制作来实现。这种操作在选秀节目中已经司空见惯，制作团队常常通过剪辑和特效对比选手在节目前后期的不同，突出一些选手通过节目所获得的成长与进步，强调节目的良好氛围，以此来烘托节目主题，引发观众共鸣。

二、融媒体时代电视节目的发展策略

融媒体时代，只有认真思考电视节目与新兴媒体融合和协同发展的方式，才能使电视节目重焕生机。

（一）提高电视节目的质量

作为传统媒体的重要表现形式之一，电视媒体想要获得更好的发展以及更多的关注，不仅要关注用户对产品服务的需求，而且要在客观了解媒体环境及其发展趋势的基础上，竭尽所能地提高电视节目质量。唯有依靠过硬的节目质量，电视节目才能吸引更多的受众和铁杆用户。因此，新形势下，传统媒体工作者必须建立用户思维、互联网思维，并在此类思维的引导下，在电视节目制作的过程中引入能够激发受众兴趣的热点要闻，为电视节目注入新的活力和生机，使之凭借着新颖、独特的内容创意和丰富多彩的表达形式来引起社会大众的广泛关注，从而真正发挥出传统媒体渠道的优势和价值。

电视媒体要重视电视产品内容的增值效应，将那些与电视节目相关的热点话题推送到越来越多受众的面前，借助多元化的传播渠道拓展电视节目的影响力。同时，电视媒体还要借助大数据技术对节目受众进行画像及特点分析，在准确了解用户特点及需求的基础上，对节目进行科学策划，为后期节目的制作提供方向和依据，确保电视节目的收视率。

（二）推动传播渠道创新

1. 多媒体融合传播

在当下，电视节目的传播渠道不再单一化，多重媒体的融合传播是电视节目传播方式的发展趋势。电视作为传统媒体，其权威性和公信力是不可取代的，应当用以电视媒体为首的传统媒体宣传节目内容及内涵，其他媒体融合宣传，为节目造势及保持受众互动的稳定。

举例来讲，《朗读者》在节目开播之前就借助报纸媒体为自身制造了很好的舆论导向，同时也在微博、微信客户端发布了节目即将开播的话题，引发了受众的热烈讨论，多次登上"微博热搜榜"和"微博话题榜"。这样的舆论导向和造势宣传使《朗读者》第一期的收视率在文化类电视节目中排名第一。《经典咏流传》也几乎用了同样的宣传模式，第一期获得了全部电视节目收视第二、文化类电视节目收视第一的好成绩。同时《经典咏流传》独有的"1+4"宣传模式也使节目在播出之余通过融媒体更好地渗入受众的日常生活。

仅仅是线上的传播是不能持久的，"线上＋线下"共同传播是电视节目发展的必经之路。例如，《朗读者》的线下"朗读亭"一经推出大受欢迎，有的地方的"朗读亭"甚至要排队几十分钟才能使用。使用者在"朗读亭"中的朗读也会被收录进节目内容中。《国家宝藏》的线下博物馆开展了"国家宝藏"系列活动，并且节目组在成都安仁建立了《国家宝藏》线下体验馆。体验馆利用了领先的数字技术带领体验者回到过去，给予受众真实的体验。第二季则推出了"九州幻方"的视觉艺术特展，带给受众更加新奇的体验，从而更好地体现了节目"让国宝活起来"的宗旨。

2. 抢占受众市场

（1）微信平台的抢占

微信作为现代社会人们沟通的重要软件，具有普遍性和广泛性，是现阶段其他聊天类软件所不可替代的。微信附带的公众号和服务号等功能为电视节目融入受众等生活提供了可行的渠道。

举例来讲，《国家宝藏》的微信公众号不仅有节目相关的文章，还加入了节目播放的链接，受众只要点开里面的"国宝展示"就可以直接观看《国家宝藏》的每一期内容。同时在其微信推广文章中还有剪辑好的节目片段，配合文章的内容，可以帮助受众快速地了解节目内容。微信公众号里还有一项"微电台"，点开就可以直接以听的方式获取节目内容，为不方便观看的受众提供便利。

《中国诗词大会》的微信公众号则是加入了各种各样的小程序，例如，"同台竞技"小游戏、"开启你的2019"小测试等。公众号里除了节目回顾还加入了"我要报名"的链接，点开可以直接报名参加节目，在提供便利的同时也增加了一定的趣味性。

（2）受众的节目参与性

"使用于满足"理论表明了受众的重要性，而当下多媒体的传播的双向性更是提高了互动在电视节目发展中的地位。"粉丝经济"在当下社会给节目带来的各个方面的利益是不容小觑的，已成了支撑电视节目发展的重要支柱之一。在这些受众中，有喜欢节目本身的，还包含了主持人的粉丝以及参与节目嘉宾的粉丝。

例如，《国家宝藏》的官方微博在"受众互动"方面可以说是很用心了。"CCTV国家宝藏"作为《国家宝藏》的官方微博，除了必要的小视频和文字之外，经常在微博上发起投票，让受众自己选择参与节目的展品或是国宝守护人。在投票的同时，官方微博也会随机开展抽奖，送出节目相关的礼物。这样的互动大大加强了受众的节目参与性，不仅是与节目嘉宾的互动，而且参与决定了节目中的展品。这种方式加大了受众的成就感，也为节目更好地整合受众的意见提供了渠道。

（3）线下受众的互动

除了线上的互动，线下的互动也是必不可少的。除了上文提到过的"朗读亭""国家宝藏"系列活动等，同样值得一提的还有《朗读者》系列书籍签售会。签售会前前后后遍布全国，每一场都人员爆满。而作为只在屏幕中出现的主持人，对于大部分受众来说是遥不可及的，于是签售会就成了他们一睹偶像芳容的好时机。这样的书籍签售会不仅是对节目的宣传，而且是节目走进受众生活的方式，签售会上的互动也给受众带来了不一样的体验。这样的线下互动方式不仅满足了受众的需求，还带动了节目延伸品——《朗读者》系列书籍的销售，更是对节目本身极好的宣传。

3. 打造多元化的后台服务体系

（1）改变人员构成

原本的电视节目制作组大致可分为前期策划和后期制作两大部分，但是在媒体融合的背景下，应该再加上融媒体运营部分。媒体融合作为电视节目发展的必需，需要专业人士来承担它的运营和宣传。这不仅要求运营人员具备专业性，而且要求运营人员对融媒体传播市场走向的掌控，以保证节目在媒体融合传播方向上的正确性。

电视节目制作组需要及时认清相应电视节目的功能和意义，做好长期的、全局性的发展布局；并对创作人员进行培训，使创作组本身对于节目本身的内涵和意义有着更高层次的认知和理解，这样才能从题材和模式上进行不断的创新，更好地将自己的理解带入电视节目的创作中，给观众带来有关于节目内容的新形式和新表达。

第六章　融媒体时代广播电视节目的发展

（2）建立新媒体后台

新媒体后台的运营对于现今电视节目的宣传尤为重要，新媒体的自由性、灵活性和及时性可以弥补一些电视节目在传统媒介上宣传的不足。一旦有了新媒体传播平台，节目的受众范围就随之扩大，节目的影响力也会因此而加大。新媒体后台可以说是节目宣传以及受众反馈的重要渠道，并且新媒体后台可以根据节目本身的特色推出不同的服务，如一些小程序、小游戏、投票等。新媒体后台的建立可以更好地帮助节目的创新发展，从而获得长久的生存。

第七章 融媒体时代广播电视创新发展策略

融媒体时代，广播电视如何寻求创新发展机遇、实现广播电视可持续性发展是本章的探讨重点。本章分为融媒体时代广播电视创新发展路径、融媒体时代广播电视发展方向选择两个部分，主要包括创新广播电视内容、技术，加强广播电视人才队伍建设，拓宽广播电视渠道，推进媒体技术性革新，突出受众的主体地位等内容。

第一节 融媒体时代广播电视创新发展路径

一、创新广播电视内容

融媒体时代的广播电视，不是为了将用户重新拉回电视荧幕前，而是为了让用户在不同平台、不同介质上继续看到电视媒体品牌，重建传统媒体与用户的连接。为了实现这一目标，广播电视创新必须从内容供给侧入手，改进内容产品质量，提高内容对用户的吸引力。可运用现有资源，创新产品和服务，不断增强品牌优势，深化媒体融合，进一步细化受众，开发用户，不断优化平台的功能，在充分掌握受众情况的基础上，培养忠实受众。

（一）制定多样化用户需求

用户是媒体融合的起点，脱离用户需求的内容生产，最终会陷入"炫耀锄头，忘了种地"的陷阱。有学者指出，"目前的改革视角大都集中于媒介技术创新与传播渠道建设，忽视了用户需求的变革。媒体融合最大的问题不是技术，而是内容质量低劣，对用户缺乏吸引力"。大部分电视台都拥有微博、微信、短视频、客户端等多个新媒体平台，在渠道建设、传播技术方面投入大量人力、物力，在内容策划与生产方面却鲜有作为，发布平台多、优质内容少的现象十分普遍，重传播渠道，轻传播内容，新媒体平台缺乏优质内容作为支撑，"空心化"问题十分突出。因此，如何在渠道建设的同时，提高内容产品质量，增强内容的可读性，是广播电视融合转型的首要问题。

在信息化时代，媒体想要赢得互联网用户，获得成功，需要考虑以下几个问题：内容运营、内容选择与分发、商业变现。一直以来，传统主流媒体在内容生产专业性上有着无可取代的地位，而面对突如其来的互联网新媒体爆款内容频出的竞争压力，传统主流媒体要改变传统的思维模式，学会用互联网思维看待内容生产的问题。用互联网思维做出更多好的媒体作品，只有这样才能赢得更多的互联网用户。

内容是传统主流媒体生产平台丰富媒体产品形式的一种方式，目的是进行融媒体整合与营销。随着融媒体时代的到来，媒体融合步伐加快，媒体发展形式发生转变，相应的传统的内容生产流程需要改变，内容运营模式需要改变。广播电视应结合当下的H5页面、短视频、博客、微信、微博、直播等传播模式，满足不同互联网用户的多样化观看需求。

（二）完善内容生产平台

广播电视内容生产平台有几层含义：一是有统一的技术支撑平台，二是统一采集，三是多元呈现，四是滚动发布，五是特别定制。在目前的媒体融合国家政策的大背景以及主流媒体收视严重下滑的情况下，主流媒体要想应对互联网媒体平台带来的冲击，必须进行内容流程再造，需要一个统一平台。一次采集，多元生成，对于传统媒体来说，可以整合优质内容，统一分发内容，保障了新闻报道时效性，便于对大数据和云计算等互联网技术的开发与利用，为广告客户提供套餐式增值服务。

在融媒体时代，任何事件都有可能成为社会热点和敏感事件，进而引发高度关注，用户所关心的正是事件的整个过程。广播电视媒体应该积极运用新媒体工具，对用户所关心的社会事件进行干预式报道，在事件报道过程中，广播电视媒体要行动快、响应果断，迅速抢占信息阵地和舆论制高点，主动引导社会舆论走向。

（三）优化广播电视体制机制

融媒体时代，广播电视内容产品的提质创新必须以新闻生产机制、媒介管理体制、组织架构的创新作为引领和支撑，否则内容产品提质创新将无从谈起。国家广播电视总局发展研究中心副主任杨明品表示："体制机制是决定媒体融合成功与否最关键的一战，如果不能突破，媒体融合发展就是一句空话。打造新型主流媒体，体制机制改革是必由之路。"目前，广播电视机构的管理体制基本上是行政化、机关化的。从业者有事业编制，领导有行政级别，机构的组织生态、管理方式如同党政机关，日常工作主要面向地方政府开展，媒体人在某种程度上更像是公务员。虽然名义上实行企业化管理，但是官办媒体的事业性质使其与市场的关系始终是"弱连接"，内容生产很难真正从用户需求出发，缺乏用户思维，内容吸引力不足，留不住用户。

反观市场化的新媒体，自诞生之初便将用户思维贯彻于内容生产的每一个环节。从内容选择到表现形式，从渠道建设到运作模式，无不将用户置于内容生产的核心地位。传统广播电视媒体现行的体制机制与市场经济体制存在根本性冲突，事业体制下的传统媒体本身带有浓厚的行政色彩，主要追求的不是点击率、浏览量等经济性指标，容易忽视受众的需求与感受，难以有效参与市场竞争。中国教育电视台总编辑胡正荣认为："当下媒体融合进程中，传媒业的体制机制几乎还停留在工业时代传统媒体框架下，没有探索出适宜网络时代新型主流媒体的体制机制，特别是符合全媒体发展的体制机制。"传统的体制机制已经成为开展新业务的障碍，在内容生产中适当引入市场机制迫在眉睫，优化传统媒体的内容生产必须从创新体制机制入手。

媒体融合政策的执行者是传统媒体，而现行传媒制度是基于传统媒体的特性制定的。随着新媒体的发展、媒介环境的变化，现行传媒制度如审批制、主管主办制、属地管理制等，已经表现出诸多不适应性，应当适时做出调整。只有契合作用对象特征的制度，才是真正有效的制度。为了使传统媒体实现转型升级，必然需要符合新媒体特性、传播特点及发展规律的体制机制与之配合，近年来出现的项目制、工作室制等制度，都是对现有体制机制的优化创新。2020年6月30日，中央全面深化改革委员会召开第十四次会议，将"深化体制机制建设"摆在推进媒体深度融合发展的首要位置，传媒业体制机制的问题已经得到中央重视。制度是所有生产要素的黏合剂，没有现代化的传媒制度，就不可能使传媒业的生产能力得到最大化释放。只有在制度层面取得创新与突破，广播电视才能真正革新升级。

第七章 融媒体时代广播电视创新发展策略

(四) 推动广播电视运营模式创新

学者唐宁认为："媒体融合影响的绝不仅仅是内容生产。从长远来看，媒体融合带来的将是新闻商业模式的创新。"很长一段时间以来，我们对媒体融合的理解停留在不同媒介形态间的融合或媒体间的整合，局限于媒介自身功能的改进与提升。然而，在目前的媒介环境下，传统媒体如果仅仅扮演内容生产者，与完全商业化的新媒体平台相比，存在种种劣势与不足，缺乏竞争力。为此，有学者提出，现在媒体纯粹做内容是不够的，媒体融合不能局限于小融合，应当放宽视野，运用大融合的思路，在做内容的同时，将生活、消费等半径内的服务与功能进行聚合，为政府、百姓、企业构建起服务性平台。平台对用户形成黏性了，传播任务的完成就是顺理成章的。

中共中央办公厅、国务院办公厅于2020年9月印发的《关于加快推进媒体深度融合发展的意见》指出，"要增强主流媒体的市场竞争意识与竞争力，探索新闻+政务、服务、商务的运营模式，增强自我造血能力"。这是自2014年开展媒体融合以来，中央文件第一次提及市场机制、运营模式等关键问题，具有十分深远的意义。学者陈国权认为："要求主流媒体增强造血功能，拥有自我支撑的经济能力，实质是为了增强广播电视媒体在内容生产、运营管理、流量变现等环节的市场竞争力。"

进入融媒体时代，传统媒体的收益模式逐渐被淘汰，新媒体已彻底突破传统媒体的边界。广播电视的各节目陆续开始建立官方微博账号、微信公众号等，来增强互动。更加了解其目标受众的需求、积极打破传统媒体死气沉沉的营销手段是广播电视人亟待解决的新问题。为了解决这个问题，广播电视在融媒体建设中建立并使用移动客户端，持续关注目标受众并通过节目宣传活动，用活动实现两条腿行走，获取利益。在互动过程中，将受众的互动信息和动态进行标记和区分，实现用户大数据分析，对观众准确定位，实现目标客户希望的准确定位、营销，实现节目和营销的双赢。此外，在融媒体营销方面，电视台和客户还可达成"风险代理"合作，努力将广告商向合作伙伴转变，广播电视台也可对此加以借鉴。电视台和新媒体的融合发展，实际上是在巩固舆论阵地的同时，还能给栏目创造实际资源，寻找适合的发展之路。

新媒体要想得到好的发展，激活旧媒体，必须按照"行业分类营销、统一规范管理、整合运营、综合资源传播"的运营规则，寻找符合新媒体形态的新运营模式。如今广播电视的创新不但是在现有领域和生产层面上宣传新的内容、推出创意形式，而且可以在眼界和思维打开的同时，对多媒体环境拥有更深的认识。总之，广播电视制作的内容要想最大限度地发挥传播效果，就要将内容分解、重新分类、与历史数据重组，并通过多媒体渠道分发给新媒体运营部门。

二、创新广播电视技术

（一）提高技术创新力

融媒体时代是文化多样化的时代，用户对于信息需求日趋个性化，过去简单的视听方式已不能满足用户对信息接收的需求。借助于新技术如5G、VR、AR、AI、云计算等技术，可以让媒体内容呈现方式多元化，更有看点。新技术的运用，可以让用户在观看视角上感知到传播对象的全部信息，给人一种身临其境的视角体验。而随着人工智能、大数据、4K/8K的技术的逐步发展和推广应用，媒体行业还会迎来深层次的融合，移动化、场景化的场景会越来越多。

广播电视台要顺应互联网传播的发展趋势，创新应用新技术，赋能电视节目制作。在新闻报道中，创新运用新技术在内容传输和分发渠道上，打造全新的媒体传播矩阵，能够让新闻报道更鲜活、可读性更强，实现媒体内容从原来只是可看可读到可互动，从之前的静态到后来的动态，从一维到多维的升级，满足多终端多用户的不同观看需求。媒体从业人员要大胆尝试新技术，像互联网推流设备、VR摄像机、无人机等使用在直播综艺和新闻当中，可以极大增强内容呈现的冲击力和多样化效果，提升节目的视觉影响力。此外，物联网、可穿戴设备技术的不断发展，在车载、家居中的应用场景也越来越多，广播电视可以积极探索和谋划未来的移动传播终端，有效拓展主流媒体传播途径，不断推陈出新，不断改革广播电视的表现形式与表演内容，提高自身的审美能力，为观众提供喜闻乐见的广播电视作品。在互联网领域，广播电视与新媒体模式相融合是必然趋势。总之，为了推动广播电视的繁荣发展，应当重视与观众的互动模式，增添与观众的互动栏目，提升观众的参与感。与此同时，应当注重节目的质量，推出质量较高的节目，以此增强节目的反复观看性，并由此获得较高的转播量。

技术的不断改善是人们生活不断完善赖以存在的重要指标。就观众的良好观感而言，应让人们能随时随地观看广播电视的各类节目，并加强高清设备引进来提升视频清晰度，同时加强App维护、添加观众所喜爱的弹幕等功能。此外，针对技术端也应加强投资，新兴的技术往往发迹于企业外部，企业可以投资于新技术的研发过程之中，并将其与内部资源进行整合，实现企业在技术层面的自我

第七章　融媒体时代广播电视创新发展策略

革新。由此可见，互联网不仅为我们提供了最新的实时动态，而且拓宽了我们的视野，使我们追随时代的脚步，不断进步。

（二）加强对多方位核心技术人才的培养

在互联网高速发展的今天，每个人的生活都离不开互联网，5G、大数据、云计算、物联网、人工智能、区块链等技术的发展，将从技术层面有力推动媒介形式变革和传媒业态重构。2020 年，推动媒体深度融合已成为国家层面战略，在这个关键时期，对于融媒体人才的培养，是事关中国传媒业改革发展大计。媒体形式的多样化、视频内容的差异性的背后都需要人才的参与。主流媒体要通过采取多项举措，加快采编队伍转型建设。首先要加强台内一线采编人员及内容制作人员的培训。传统媒体内容制作人员，尤其是内容生产一线采编人员和技术人员，要强化技术培训，学习新媒体内容制作技术；要善于运用互联网思维，熟知互联网时代媒体传播的特点和互联网用户所关心的媒体类型。其次，要与国内的高校合作，培养一批具备采访能力、网络技术知识的编辑、记者和技术人才，为将来运用在日常工作中打下基础。更重要的是要发掘社会上的融媒体人才，尤其是媒体融合相关领域的人才，并通过绩效激励和较好的福利待遇等方式吸引和留住人才。

（三）打通平台之间的技术壁垒

融媒体时代的来临，对于传播主体多元化的要求更高，这就要求内容制作人员要整合优化制作资源，统一管理和调配各平台之间的联动关系，有效实现各要素之间的合作，消除平台之间的技术壁垒，为用户推出更多的优质节目内容。作为传统主流媒体，在内部，要加强各个部门和频道之间的联系和信息交流，实现平台之间真正的互联互通。在内容传输方面，要将最适合的技术与媒体内容相结合，利用新技术，开拓新的传播渠道，使主流媒体内容传输效果最大化。只有将新的数字信息化技术与自己独立开发的功能有机融合在一起，才能实现信息在自身媒介中的传播以及媒介之间的传播。

为了促进广播电视的转型发展，需要深入加工融媒体的相关信息，为用户提供更加丰富、个性化的感官体验，积极寻求与政府职能部门的合作，开发专属广播电视的手机报纸和社交应用，在确保业务信息化的同时，涉足党建廉政、政务服务、紧急发布、生活万象、购物消费等多个领域，要让市民不出家门也能了解世界，不挪动脚步也可办事，再结合融媒体优势和用户信息，必要时还可将特色栏目推送海外，拓展媒体影响力，让更多的人对特色文化和城市发展产生兴趣，从而吸引更多的游客，拉动消费。

广播电视要结合媒体整合的技术特点，及时建立灵活的新闻媒体指挥中心，整体融合，改变传统的新闻节目制作和播出方式，实现资源统一管理和快速共享，促进电视、网站、移动新媒体等平台同步发布，真正实现全媒体同步供稿，展现媒体融合优势。此过程需要尖端技术支持，电视台技术运营中心需要多个平台的制作和分发等网络系统来进行节目制作，衍生出多个领域的信息综合采集、统一指挥、多渠道发行新闻视频的体系，同时促进广播信息的云采集、云编辑和云发布。随着时间的推移，广播电视台将通过提供给不同渠道同步的内容，实现电视媒体、移动端双屏互动的一站式服务，提高电视台的综合发展效率和水平。

三、加强广播电视人才队伍建设

在融媒体背景下，广播电视的转型和发展始终离不开人才问题。在信息化、网络时代，人才是市场竞争的核心。在重视和加强人才配置管理的同时，要积极引进优秀人才，充分发挥每个员工的价值作用，进行人才培养，提高他们的工作能力和素质，积极调动职员积极性，创新用人机制，更加重视业绩、个人品行、职业道德等，让所有员工都获得平等的机会。

（一）提升广播电视人才综合素质

1. 融媒体素养培养

融媒体时代下的人才培养，首先是应当坚持正确的政治方向，坚持马克思主义新闻观，坚守党和人民立场，坚持正确舆论导向，深入宣传党的理论和路线方针政策，弘扬主旋律，释放正能量，做政治坚定、引领时代的媒体工作者。除此之外，还需要加强对各类人才的融媒体素养教育，概括来说，广播电视台的人才主要包括选题、策划、编辑、审核以及摄像、舞美、灯光、录音等几大类。其中选题、策划、编辑、审核所决定的是内容质量，摄像、舞美、灯光、录音等所决定的是形式质量，因此其二者需要得到同样的重视。为了使这些人才能够更加适应融媒体环境、条件下的自身工作，并始终保持一定的知识、能力更新速度，广播电视台需要强化对各类人才的教育、培训力度。一方面，要根据融媒体对各类工作的新要求，制订相应的培训计划、培训内容，使人才能够更加直观、准确地了解到，自身工作在融媒体下应当做出哪些方面的转变和调整，作为个人来讲，又应当具有哪些新的意识、思维和技术能力。对选题、策划、编辑来讲，在融媒体时代下，其应当具有大数据方面的分析能力，要能够借助大数据技术，对当前受众所关心的话题、现象等做出准确的分析甚至是预测，以便在内容上提前做出调整，全面迎合受众。而对于摄像、舞美、灯光等工作人员来讲，则需要认识到在融媒体时代下受众的审美变化趋势，过于严肃的、正式的场景和拍摄方法已经不太能够让受众感到满足，相反容易使他们产生审美疲劳，应当以更加灵活的摄影方式和更加"真实"、开放的场景来吸引受众。

2. 移动互联网思维及新媒体素养培养

融媒体是一个"多屏时代"，PC 所占的份额越来越少，同时，以平板电脑和智能手机为代表的"第二屏幕"已经完全取代传统电视的"第一屏幕"。移动互联网手机用户是新型的受众主体，更加精确，更加细分。广播电视的从业人员应在了解平板电脑和智能手机媒介形态的移动性、个性化的基础之上，进一步树立目标受众意识，根据媒体呈现形态和受众特点制作"适销对路"的媒体信息产品。同时，以微信、微博、抖音等为主的新媒体是基于数字技术、网络技术及其他现代信息技术或通信技术的具有互动性、融合性的媒介形态和平台，已成为当前政府单位、社会团体、企业组织及个人发布和获取信息的主要阵地和方式。在传统媒体与新媒体高度融合之际，广播电视台应当站在信息时代改革的前沿，把握媒介发展的动向，一方面，继续巩固提高人才原有的传统媒体的素养和技能；另一方面，要求他们掌握以微信、微博、App 为代表的新媒体的传播方式和规律，不断提高和丰富其在新媒体方面的专业技能。

总之，融媒体时代对传媒人才的整体要求是复合型、全能型。因此，广播电视在人才培养时，应弱化专业界限，打破以往单一的人才培养目标，建立与媒体行业发展现状相适应的复合型目标。应以大传播为理念，以融媒体为视野，提升人才必要的文学素养和美学素养，并将新媒体、全媒体和融媒体的相关知识、能力纳入教育培训内容中，培养其计算机技术、多媒体产品设计与开发、媒介经营与管理、互联网应用、统计学等与融媒体有关的理念、技能，全面提升人才队伍素质。

3. 媒体经营管理能力培养

在融媒体时代下，微博、微信等新的媒体经济运营模式将逐渐成为广播电视媒体重要的盈利来源，因此广播电视媒体应当重点加强人才媒体经营管理能力培养。通过教育、培训，使人才能够细分领域，精品化制作提升市场地位。

同时，还要考虑到人才学习、发展的主观要求，由他们提出自己想要学习的内容，并尽力为他们提供学习的机会。如有的人才可能对融媒体的运营更加具有主观兴趣，前期也更加深入，那么可以为这些人员提供专门的运营培训；还有的人才则可能更加倾向于融媒体内容的编辑与制作，在培训中这些人才的主观要求都是应当得到满足的。

（二）提升广播电视人才的专业能力

在融媒体生态系统建设中，媒体融合不但可以带动技术的革新，而且可以推动从业人员的专业水平和思想观念等多个方面的提升和发展。广播电视台的从业人员除了要把自身专业素养提升起来、丰富工作阅历之外，还需要快速吸收媒体融合发展的新理念、新趋势和新方法，以此为前提，提升自身专业能力。广播电视台应加大专业人才培训力度：首先，聘请专家进行专业教学；其次，组织员工前往优秀单位观摩；最后，在知识管理上进行加强，创设知识积累、学习、传播和应用的系统化体系，把员工潜力深度挖掘，顺应融媒体建设战略计划。

（三）完善广播电视人才的激励机制

市场上对于新媒体运营的普遍薪资待遇都高于传统媒体同岗位薪资，且普遍新媒体企业都具有较为宽松的办公环境和企业机制，并且新媒体企业通过网络裂变传播更加快速地积累资本，给从业人员带了更多的可能性。因而传统媒体要加大人才引进力度不仅仅需要加大薪酬吸引力，而且需要不断对绩效考核制度进行完善，做到奖惩分明，把员工的创造性和工作激情刺激到最大。在成熟的融媒体生态系统下，无论是部门还是员工，都能获得与自身特性更加匹配的资源，从而提高效率、获得更大收益。因此，在融媒体生态系统建立初期，应在绩效考核中做出改变，激励员工主动参与融媒体生态系统建设，并通过定量标准给予相应的奖励。

1. 注重对人才的激励

在现代化的人才管理理念下，必须重视并切实做好对人才的激励工作，激发他们的斗志、创新意识，引导他们更好地完善自身工作。为此，广播电视媒体机构应与时俱进，革新自身的管理理念和认知，认识到人才激励的重要性，提高对人才激励的重视，将人才激励提升到广播电视发展的战略管理高度上来，同时增加相关的人力、财力投入，为人才激励工作的开展奠定良好的基础。例如，在奖金的设置方面应尽可能细化，除了全勤奖、任务目标奖等常规的项目之外，还可以设置业绩突破奖、特别贡献奖、团结协作奖、业务创新奖等，让人才在工作的多个方面都可以有较为明确的奋斗目标，从而对其产生激励和引导的作用。

除了物质性、经济性的激励措施之外，其实对于当前的广播电视媒体机构而言，更应重视和加强对人才的精神激励。例如，每周、每月应当组织开展部门奖励通报会议，对这一周或是一个月以来，部门人才有哪些优秀的表现、哪些个人的表现最为突出等进行总结，并让他们谈一谈自己的工作经验，在部门内部推广，这样一来人才就可以获得极大的精神及人格尊严满足感，激励成效相当显著。

2. 合理解决双轨制问题

在以往的时间里，双轨制确实起到了应有的作用，缓解了广播电视媒体人才短缺的问题，但久而久之这容易引发聘用制人员的不满，导致优质人才的流失，降低人才队伍的稳定性。因此，广播电视媒体机构要想建设一支优秀的融媒体人才队伍，需要着力于合理解决双轨制问题，为所有人才提供一个公平、合理的工作环境条件，增强人才队伍的稳定性。

3. 增强人才队伍稳定性

广播电视台要想留住人才，打造一支高质量的、稳定的人才队伍，尤其是要想有效留住年轻的、思维活跃的创新性人才，就必须要营造良好文化氛围，以增强广播电视台对人才的归属感。例如，广播电视台的领导应当积极、主动地与基层人才进行沟通、交流，而且要放低自己的"身段"，不能随时打"官腔"，要像亲人、朋友之间一样与人才交流，了解他们的工作情况、生活情况，帮助他们解决工作、生活当中的各种困难，适当放松广播电视台管理制度，让人才在工作、生活中能够更加舒适、自由。日常多组织不同部门之间的人才进行互动，联络广播电视工作人员的整体感情，使广播电视台真正成为人才的一个大家庭，这样他们就能够更加全心全意地投入工作，为自身和广播电视的共同发展而努力。

四、拓宽广播电视渠道

（一）增强渠道间的联动性

传播渠道和平台的创新应用可以为用户提供更加个性化的服务，广播电视媒体要突破传统渠道思维，多点传播，扩大媒体传播的范围。发展新媒体是传统媒体的必然选择，互联网渠道正是主流媒体薄弱的环节，只有不断扩展互联网渠道，才能在最后的媒体竞争中取得胜利，引领未来媒体的发展方向。

互联网技术的发展及运用推广，使媒体内容的传播更注重场景化，目的还是根据用户所处的环境为其提供个性化定制的内容，以提升用户体验。要增强各渠道之间的联动性，同一个节目在分发和传播的时候，要做到各渠道之间有互动性，这样才能最大限度地增强用户黏性，也提升了节目的传播力和影响力。

（二）建设融媒体综合平台

要加强广播电视媒体与新媒体平台的互动，以达到"采编一体化、内容融合、多渠道传播"的目的。在集成平台的建设和运营过程中，内容的采集也很重要，但无论怎么整合，我们都要明白"内容为王"的宗旨，建立广播电视融媒体建设的核心是"内容产品"，且它的要求是"融合"，也就是说，要能在电视媒体、广播媒体、新媒体、客户端等多个平台上发布传播。因此，广播电视台的建设必须从地域特色出发，深入了解市民的生活，以不同的媒体形式对大众关注的热点事件进行播报，才能提高融媒体建设的实效性。

（三）推进产业多样化发展

广播电视的产业众多，要推进产业多样化发展，可以从以下几个方面着手。第一，将目前广播电视自有频道的小产业集中管理，使之形成规模化、集约化发展态势。这样不仅可以有效推进产业的发展，而且可以最大限度地避免资源的闲置浪费。第二，将目前广播电视的核心节目或者著名主持人打造成IP，围绕这个IP可以专门制作一个节目，通过剪辑，可以生成多个不同类型的小节目，这些节目要对栏目或者电视台起到一个很好的宣传效果。第三，利用"两微一端"、融媒体平台、互联网平台等多个渠道进行宣传，使节目产业化效果最大。在一些收视比较好的节目内容传播中，"两微一端"已经成为各种主流媒体形态的"标配"，并且都有自身比较完善的融媒体传播"矩阵"。而技术的革新，使传播渠道变得更加多元化，比如基于VR的平台已经有一些运用了，用户只需要用手机或者购买一个VR设备便可以观看。而5G、云计算、物联网的快速发展，使连接无处不在，媒体传播的渠道可以借助物联网通过高带宽的网络到达。传播渠道多样化会吸引更多用户共同参与内容生产，对于媒体产业的扩张也有很好的助推作用。

广播电视媒体要抓住媒体融合时代的机遇，不断完善节目内容，调整节目形式，吸引更多受众。另外，还可以借助微信、微博等新媒体资源，促进节目各阶段推广宣传，提升受众覆盖率，扩宽品牌知名度。

五、完善广播电视服务

传统广播电视提供公共服务采用单向传播方式，同时缺乏定制化传播的功能。随着互联网技术在传媒领域的普及，越来越多的线上资源得到统筹，相关的公共服务正处于飞速发展阶段。我国网络普及较国外有先天优势，从基础建设统筹到公益性质的铺设，已基本实现全民覆盖，因此我国的网络发展具有比较全面的群众基础，即具备了技术融合下的广播电视公共服务的受众基础。同时，国内广播电视依托大数据、移动互联等技术，逐步完成了传统媒介单向传播的转型，已实现多渠道、多维度的公共服务方式，在质量和业务模式调整上具备较强的机动性。基于以上成熟条件，通过数字传媒、移动传媒、IPTV、新媒体平台等多种形式融合，广播电视内容可以通过有效渠道进行推广，如基于移动传媒的大数据用户画像分析，可将广播电视的公共服务内容以年龄、工作类型、性别等要素进行精准推送，实现了低成本下的精准推广，具备及时、精准、共享的特点。因此，加快推动技术融合下的广播电视公共文化服务功能，是传统广播电视革新之举，也是必经之路。

第二节 融媒体时代广播电视发展方向选择

一、推进媒体技术性革新

（一）数字技术方面

现阶段广播电视技术作为一种先进的科学技术手段，其出现可以为广播电视节目的传输及采编手段提供多重途径，提高广播电视在传播中的电视节目效果。借助数字化技术可以显著提高广播电视的清晰度和信号抗干扰能力，进而减小信号对电视节目清晰度的调频概率。伴随着数字技术在广播电视领域的深入发展，必将加快我国信息化建设进程。

（二）网络化方面

广播电视技术网络化发展，是以网络信号为主的电视节目数据传输架构，将电视节目的信息制作、信息编辑、信息传输等各项工作集中于一体，形成一个完善的电视节目信号传输架构网络。利用网络化技术进行电视信号节目信号传播，对我国省市级地区的主干网络及地方电视网络支线互联互通有着重要的促进性意义。同时，利用广播电视技术的网络化发展，可以帮助相关广播电视媒体建立一个完善的网络运营体系，在经营中可以加快信息资源之间的互通共享，使网络经济效益达到最大化。

目前我国是世界上拥有最大卫星广播电视的市场之一，因此在广播电视技术发展中可以将网络技术与卫星直播技术相结合，将卫星直播技术应用于广播电视节目领域的编排中。

二、突出受众的主体地位

在传统的媒体市场环境下，广播电视节目的制作没有过多考虑受众喜好。融媒体时代广播电视的转型探索，其必须突出受众的主体地位，节目的选题、策划、编排、制作，都需要密切围绕受众的需求，这样才能得到市场的认可、选择与肯定。

第一，融媒体时代广播电视要以用户（受众）为中心。要明晰用户的不同含义，不仅包括外部消费者，即传统受众，还包括媒体内部的员工，也就是说，要满足传统受众需求的同时团结媒体员工，争取受众和员工的一致满意。融媒体时代媒介市场瞬息万变，信息获取的选择更加多元，因此广播电视的流程再造必须充分考虑受众需求，重视时代的变化和受众的变化，与时俱进、开拓创新，根据受众思维、行为乃至习惯上的变化，输出更符合用户需求、能够吸引受众的优质内容。而对于内部媒体员工来说，组织必须了解雇员的需求和期望，在一定程度上摒弃生硬的层级关系，创建平等的合作关系，相互协作，共同发展。在新媒体环境下，技术越来越容易获取，只有用户长久的关注度，才是市场竞争中的重要武器，所以，融媒体时代广播电视进行转型，其流程再造必须由决策层和媒体员工共同努力，只有自上而下的整体联动和共同价值与目标的享有，才能专注做好内容，融媒体时代广播电视的流程才能真正走上再造之路。

第二，融媒体时代广播电视流程再造应以作业流程为中心，根据社会需求和发展思路适时调整，各部门、项目间灵活调整职能划分。融媒体时代广播电视机构各职能部门间可进行较为自由的沟通合作和流动，以流程体系连接专业化分工，使机构运行回归整合状态，提升工作效率。

第三，融媒体时代广播电视在内容输出方面应该承担更多的主流价值观输出等社会责任，因此，尽管其是由具备权威性的传统媒体转型而来的，对其监管也不能放松，应秉持包容审慎原则，建立相应的评估体系，加强行业自律。融媒体时代广播电视综合评估体系可以根据专业意见和现实情况综合考虑制定，着重增强社会效益与经济效益的统一，并以此为标准对融媒体时代广播电视机构分类型分量级管理。加强行业自律可以通过指导行业协会以成立委员会、制定行业标准、内容审核细则等方式实现。此外，应该大力加强相关人才队伍的建设，通过人才的培训和孵化、推优评选等柔性管理方式，为广播电视媒体注入新活力，引领融媒体时代广播电视健康、可持续发展。

三、构建产业链平台

随着社会的发展和时代的进步，我国的三网融合进一步被推进，封闭的产业环境在广播电视的发展过程中被逐步打破，音视频产业链的发展呈现出了新的发展特点，即纵深分离而横向分解的新变化。纵向分离主要针对的是内容生产方面。原先传播内容的生产到播出的整个产业链是由传统广播电视全权垄断和把控的，而今这条产业链已经逐渐分解和分化成内容生产、内容集成、信号传输及终端消费等链条环节，这些产业链条环节已经很难再由某个单位进行全权把控或垄断了，按照市场机制重组的规则和要求，它们只能是产业链中的上下游关系。横向分解则表现在传统广播电视很难再对产业链各环节进行垄断和完全把控了，大量的市场参与者已经闯进了产业链各环节的发展中，构成新的产业集群。这些市场参与者涉及的范围较广，主要包括国有企业媒体、私营企业、公共机构及个人等，他们都积极地参与到了产业链平台的建设中。

"酒香不怕巷子深"的时代早已过去，如今的信息传播在很大程度上要仰仗于平台，优质的内容输出和平台驱动才能真正大范围、深影响地触达受众。然而平台作为内容和受众之间的连接桥梁，具备很高的主动性，受众在缺乏自主选择的时候所接收的内容几乎为平台智能算法推荐，平台在一定程度上掌握着流量的分发，融媒体时代广播电视在流量争夺方面无法与平台匹敌，平台不推荐、不引流，融媒体时代广播电视机构很难有效地将内容在任意时间推送、触达给受众，内容的传播力无法保证。这与今日头条的推荐机制有相似之处，即高推荐的内容阅读量、点赞、评论等互动量都更高，其内容账号的吸粉能力也更强。

大数据时代，算法推荐为内容的分发传播提供了更加便利的方式，尽管技术工具不含感情色彩，但这种互联网的技术赋权使传播权力逐渐异化，造成了信息污染。其一，由于算法推荐不够智能，判断力不足，导致一些"标题党"、抄袭、谣言流言等内容出现在用户首页，破坏信息生态。其二，依靠算法推荐的内容趋于同质化，容易给受众造成"信息茧房"的困扰。由于获取信息的渠道受到算法推荐和定制化的影响，个人既有的立场、观点和兴趣爱好将会循环往复的影响之后的信息获取，个人由于思想和意见被固化，所以在与其他人的交往过程中，也往往倾向于和自己类似观点的他人进行交流，容易形成"群体极化"现象。

此外，融媒体时代广播电视借助原有主持人的自身知名度和其在网络空间的热度，对其按照"网红"模式进行培育，促进人员和媒体组织转型。

融媒体时代广播电视优质内容的创作还需要多平台、多渠道的分发，才能形成完整系统的内容产业，因此融媒体时代广播电视机构应与各大市场平台展开合作，构建开放的内容生态系统。在融媒体时代广播电视模式下短视频的内容营销产业链上，与其他平台的合作和相互扶持是十分重要的一个部分，平台的支持可以激活短视频融媒体时代广播电视的内容创作力，而优秀的短视频的内容产出也会为平台吸引流量。在当前的市场机构运营中，具备社交性质的微博等社会化媒体平台、将内容转化为产品交易的电商平台以及抖音、快手等短视频应用平台都是其进行账号间孵化和联动的重要平台，与广播电视机构合作是使双方互利共赢的良好模式。

四、进行商业化运作

在融媒体的冲击下，广播电视媒体的盈利收入受到了很大的影响，传统以广告为主的盈利模式已经显得过于单一。为此，在融媒体的发展进程中，广播电视媒体需要扩展自身的盈利收入来源，丰富自身的盈利收入结构。如当前的MCN模式、网红经济、直播经济等，都已经成为相当主流的媒体盈利模式，而且其宣传、带动效果非常好，成本更加低廉，可以对经济的发展起到很大的促进、带动作用。因此广播电视需要积极地学习和应用这些新的模式、方法，抓住这些新的盈利机遇。不过，这些新的媒体运营模式，不仅要求全新的技术体系支撑，而且要求思想、理念上的创新，所以一支具有创新能力的人才队伍是广播电视未来发展所必需的配置，这样才能真正插上互联网翅膀，实现更加长远的发展。

采用传统的媒体运作方式来处理内容早已过时，无法促进媒体转型的成功，在融媒体时代广播电视创作过程中，策划、营销、财务、法律、售后等方面都需要加以改革，相应的媒体组织形态也应随之调整，即融媒体时代广播电视发展应转向"内容+服务"模式。原因在于广播电视媒体现有的主要业务是"内容"，新闻报道、信息分发、舆论引领等做的已经较为完善了，而在商业化过程中，以直播带货为主要特征的"服务"则有所欠缺；同时，身份认证、支付结算、互动分享以及涉及第三方的衔接，对自有平台的搭建、改造等都需要投入大量的精力和资金，而只有前期的完善的规划和投入，才能在后期使产业链流通、顺畅，带来理想的收益。

参 考 文 献

［1］ 金梦玉. 融媒体时代下的传媒教育［M］. 北京：中国广播影视出版社，2014.

［2］ 聂辰席. 广播电视宣传管理创新研究［M］. 北京：中国广播影视出版社，2015.

［3］ 龙键. 营销如此简单：融媒体时代"营""销"创意解析［M］. 北京：中国传媒大学出版社，2015.

［4］ 项勇，王文科. 媒体融合的探索与实践［M］. 北京：中国广播影视出版社，2015.

［5］ 赵玉明，艾红红，庞亮. 广播电视学学科体系建设研究［M］. 北京：中国广播影视出版社，2015.

［6］ 何志武. 重构："三网融合"对广播电视新闻传播的影响［M］. 武汉：华中科技大学出版社，2016.

［7］ 杨琳，罗朋，陈燕. 广播电视新闻学［M］. 西安：西安交通大学出版社，2016.

［8］ 王建磊. 媒体融合的进路：再造广电战略［M］. 北京：中国广播影视出版社，2016.

［9］ 侯智烨，李小刚. 数字卫星广播电视接收技术［M］. 成都：电子科技大学出版社，2016.

［10］ 周逵. 融合与重构：中国广电媒体发展新道路［M］. 北京：中国传媒大学出版社，2017.

［11］ 刘旭东，邓永斌. 广播电视及视听新媒体安全播出管理研究与实践［M］. 北京：中国言实出版社，2017.

［12］ 胡洪春. 机遇、挑战与使命：融媒体时代的传媒教育［M］. 北京：中国传媒大学出版社，2017.

[13] 张梅珍. 全媒体时代的传媒发展与新闻传播教育重构[M]. 武汉：武汉大学出版社, 2017.

[14] 王海智. 融合创新：广播电视媒体发展之道[M]. 北京：北京邮电大学出版社, 2019.

[15] 陈硕, 刘淏, 何向向. 融媒体时代电视新闻节目的创新与转型发展研究[M]. 成都：电子科技大学出版社, 2019.

[16] 白顺义. 融媒体环境对广播电视新闻记者素质的要求[J]. 采写编, 2020(6): 107-108.

[17] 柳太江. 融媒体时代广播电视编导人才培养特色探究[J]. 新闻研究导刊, 2020, 11(23): 227-228.

[18] 曾华东. 融媒体形势下广播电视记者采访形式的革新[J]. 记者摇篮, 2020(11): 64-65.

[19] 李一平. 融媒体时代广播电视传媒的创新发展[J]. 记者摇篮, 2020(10): 16-17.

[20] 折哲, 兰宇. 融媒体时代广播电视主持人的转型升级分析[J]. 新闻传播, 2020(19): 103-104.

[21] 段红梅. 融媒体背景下广播电视新闻业务的应对及创新策略[J]. 西部广播电视, 2020, 41(19): 45-47.

[22] 栗青. 融媒体环境下的广播电视发展路径探索[J]. 青海师范大学学报, 2020, 42(5): 151-155.

[23] 叶伟良. 融媒体时代对广播电视新闻记者的要求及应对措施研究[J]. 西部广播电视, 2020, 41(17): 132-134.

[24] 莫杰文. 融媒体时代下广播电视行业的发展趋势研究[J]. 通讯世界, 2020, 27(7): 223-224.